W9-BVS-881

El poder de una sonrisa

KARLA MARTÍNEZ

El poder de una sonrisa

El poder de una sonrisa

Primera edición para E.U.A., 2008

D. R. © 2007, Karla Martínez

Derechos exclusivos de edición en español reservados para todo el mundo:

D. R. © 2007, Random House Mondadori, S. A. de C. V.
Av. Homero No. 544, Col. Chapultepec Morales,
Del. Miguel Hidalgo, C. P. 11570, México, D. F.

www.randomhousemondadori.com.mx

Comentarios sobre la edición y contenido de este libro a:
literaria@randomhousemondadori.com.mx

ISBN 978-030-739-209-1

Impreso en México / *Printed in Mexico*

Distributed by Random House, Inc.

Para mis dos amores,
que son mi razón de ser: mi esposo
Emerson y mi hija Antonella

Y para ti, mamá,
un trofeo más a tu esfuerzo

Contenido

Para reflexionar

Introducción

Siempre soñé con escribir un libro, pero nunca pensé que ese momento llegaría tan rápido. Estoy orgullosa de ser una de las pocas escritoras jóvenes que se han lanzado a la aventura de contar su vida con la esperanza de generar un proceso dinámico de compartir experiencias que, al final, nos lleve a mejorar y, por qué no, a ayudar a cambiar la historia de otros.

Cuando vemos la existencia por el espejo retrovisor tenemos la oportunidad para hacer una evaluación de hasta dónde hemos llegado y cuál ha sido el motor que nos ha motivado. Así he encontrado las claves que han definido mi carácter y mi personalidad, que en pocos minutos empezarás a conocer.

La vida de cada persona es original y única, y por eso merece ser contada. No es necesario ser estrella de televisión ni una cara conocida para hacerlo. El proceso de vivir, soñar, amar, al estilo de cada quien, es una lección que merece ser compartida.Desde luego, no hay vida sin traumas, sufrimientos, derrotas, engaños y fracasos, la otra cara de las risas y éxitos que todos hemos pasado. Mi historia no es nada fuera de lo común; es más, te sorprenderán las similitudes que encontrarás con la tuya. También me enfrenté a interrogantes y encontré respuestas que ojalá puedan servirte para buscar las tuyas.

Este libro es la materialización de un sueño y producto de sacar tiempo aquí y tiempo allá para sumergirme en mi mundo de añoranzas y recuerdos. El resultado valió la pena. Cuando empecé a escribirlo estaba recién casada y presentaba *Control*, el programa juvenil de Univisión. Al ponerle el punto final, veo que la bebita más hermosa del mundo duerme en su cuna y que mi ropa está lista para presentar a la mañana siguiente *Despierta América*, uno de los programas de mayor audiencia de la televisión hispana. Qué mejor prueba de que la magia de la vida, la magia del amor y Dios sí existen. Al releer lo que escribí, me sorprendo,veo cómo he cambiado en tan corto tiempo y encuentro otra muestra del maravilloso y rápido proceso a través del cual maduramos.

Ahora los invito a conocerme tal como soy. Viajaremos juntos por esta dinámica existencia que apenas comienza, atravesaremos varias "fronteras" y al final encontrarás unas reflexiones para que también tú puedas hacer realidad tus sueños.

Mucho gusto

Mi nombre completo es Karla Goretti Martínez Rubio. Nací el 11 de mayo de 1976 en Chihuahua, estado de Chihuahua, en la República Mexicana... ¡sí, ya sé que están pensando en los perros! Mi mamá dice que fui la recién nacida más bonita que ha visto. Claro, ¡es mi mamá! Tiene que darse su crédito. Mi padre, Luis Carlos Martínez Pérez, es ingeniero, y mi madre, quien desde hace muchos años es ama de casa, se llama María Goretti Rubio. Soy la mayor de tres hermanos. Cuando tenía tres años nació Luis Carlos y seis después mi hermana Andree. He sido muy protectora desde que nacieron y, por ser la mayor, siempre he sentido la gran responsabilidad de ser un buen ejemplo para ellos.

Mis papás se casaron cuando eran muy jovencitos: él tenía 20 años y ella 17, ¡la edad de la calentura! Estaban muy enamorados y al parecer no podían vivir el uno sin el otro, así que decidieron casarse.

Después se dieron cuenta de que no sólo se trataba de casarse y que de amor no se vive, pues también necesitaban huevos y leche. Y claro, terminaron en casa de mis abuelos. La casa era muy grande, antigua, llena de cuartos y sonidos extraños. Allí también vivían los cuatro hermanos de mi papá y varios de sus primos que venían de diferentes pueblos a estudiar a la capital. Ya se imaginarán: aquello parecía un hotel.

Yo era la reina del lugar, la consentida. Me llenaban de regalos, de cariños y muchos besos. Tenía un tío a quien le cambiaba besos por piñones. Desde entonces me di cuenta de lo que un hombre es capaz de hacer por un beso. Mi infancia transcurrió colmada de cariños y sin preocupaciones. Pasaba horas en el cuarto de mis tías Mary y Rocío, hermanas de papá. Me sentaba en el tocador y me ponía todo lo que encontraba: rubor, lápiz labial, aretes, pulseras, perfume y, claro, sus tacones, con los que taconeaba por todos lados. Puede decirse que fui muy vanidosa, pero qué niña no lo es si desde pequeñas nos entrenan en el arte de la coquetería.

Mamá cuenta que de niña le decía que me quería meter a la televisión... ¡en el sentido literal y figurativo! Desde entonces me parecía fascinante descubrir lo que había detrás de ella. El arte lo llevaba en las venas. A los tres años, ayudaba a mi tía Mary a lavar los platos de esa casona habitada por todo el árbol genealógico de los Martínez. Mientras lavaba cantaba canciones de José José, Emmanuel y Camilo Sesto, de quien aún soy fanática número uno. Cuando no entonaba sus canciones cortavenas, me dedicaba a dar mis primeros pasos en la actuación; eso sí, esperaba a que todos estuvieran reunidos en el lugar favorito de las familias latinas, la cocina, para dar muestra de mis talentos.

Era tan teatrera que me apodaban Carmen Montejo. Mamá dice que lloraba con tal facilidad que ella no sabía cuándo era cierto y cuándo mentira. Creo que desde pequeños damos muestra de lo que algún día seremos. Siempre quise ser como las mujeres de la época de oro del cine mexicano, quienes me recuerdan a mi abuela Tetey. Mi abuelita fue primera dama de un pueblo llamado San Francisco del Oro y se codeaba con la crema y nata del estado. Tenía un salón de belleza en la casa y eso la convertía en la estilista oficial de la familia. Sus principales clientas y amigas eran señoras de alcurnia con apellidos como Albelais y Lascuráin.

Crecí viendo viejas encopetadas que se hacían rayos, tremendos chongotes y se pintarrajeaban. Creo que desde entonces me salió a flote la vanidad que llevamos dentro. Era un espectáculo ver cómo mi abuela colocaba cada tubo en el cabello de sus alzadas clientas y luego cómo pasaba la brocha con tintes de los colores más extraños, desde gris platinado hasta rojo borgoña.

Ese ritual daba inicio al pasatiempo favorito de las mujeres: el chisme. En ese lugar se escuchaban desde las más secretas infidelidades hasta los más notorios embarazos prematuros. Claro que a esa edad no tenía ni idea de lo que significaban esas palabras. Con el tiempo, ese mágico sitio se convirtió en mi cueva, en mi escondite. Cada que podía me escapaba hasta allá, me sentaba en la silla para secar el cabello y prestaba atención a lo que mi abuela hacía. En una tacita hacía una mezcla con peróxido, luego la meneaba con una brochita, después tomaba una gorra de plástico con pequeños orificios y la colocaba en la cabeza de sus distinguidas clientas. ¡Lucían como de otro planeta!

Poco a poco sacaba mechones de pelo por los orificios. Cuando ya llevaba una buena cantidad, comenzaba a aplicar su perfecta mezcla para luego finalizar con un dramático color y un sofisticado corte o peinado a la altura de tan exigentes mujeres. Fueron tantas las veces que vi lo que en ese salón ocurría que me autogradué de estilista. Un buen día decidí poner en práctica mis talentos y me aventuré a realizar mi primer corte.

Las afortunadas o, mejor dicho, desdichadas, fueron mis primas, unas rubias desabridas, y digo desabridas porque eran más blancas que la leche, quienes no había momento en que no presumieran sus cabellos de oro. Y quién mejor que yo para cuidar de tan preciosas melenas. Inicié mi ritual al colocar la famosa capa de súper héroe, esa que hace que cualquier mujer se crea la Mujer Maravilla. Antes de ponérsela, una se supone espantosa y con pelos de elote, pero al quitársela se siente como María Félix. Sin embargo, en aquella ocasión, al quitarles la famosa capa no lucían igual a María Félix sino a la bruja Hermelinda Linda, ¡sólo que sin el ojo tuerto!

Con estas manitas acababa de darles tremenda trasquilada. Ése fue el inicio de la guerra entre las rubias y la morena; en este caso, yo. Después de tan grande cambio de *look*, las niñas con cabellos de oro tuvieron que posar para los fotógrafos de las páginas de sociales, quienes ansiosos esperaban para tomarles la foto del recuerdo de su fiesta de cumpleaños. Creo que mi tía, la esposa del hermano mayor de mi papá, presumida de lo que no tenía, nunca me perdonó haber hecho lucir tan mal a sus princesas, o "terroncitos de azúcar", como ella las llamaba. A mí, en cambio, me decía la Negra. Cuando la miraba cepillar los dorados cabellos de sus "terroncitos" la escuchaba decir algo como: "Las niñas bonitas son blancas y tienen el cabello rubio".

Mi tía les lavaba el pelo con champú de manzanilla, y gracias a eso cada día lo tenían más rubio. Esas palabras se quedaron tan grabadas en mi cabeza que un buen día decidí ser bonita. Para lograrlo tenía que ser blanca y, como buena estilista, tomé el asunto en mis manos. Me dirigí a mi escondite secreto y allí me dediqué a untarme cuanta cosa encontré. Empecé con crema Nivea, que es más espesa que el jocoque; pero, necesitaba un acabado mate, así que continué con talco, que me dio un *look* parecido al de un payaso. Al terminar me miré al espejo. Durante unos segundos fui feliz al darme cuenta de que por fin era bonita: ¡mi cara era blanca!

Mi tía nunca se dio cuenta de lo que sus palabras hicieron en mí. Por fortuna, tenía a la mejor mamá del mundo. Cuando ella me descubrió con la carita pintada de blanco, de inmediato se dio cuenta de lo sucedido. Las madres tienen ese sexto sentido que las convierte en seres especiales y únicos. Recuerdo que me miró con gran ternura y, con las manos llenas de amor, comenzó a limpiar mi carita mientras me decía: "Tu piel es hermosa y tú eres preciosa. Eres la niña más bonita que he visto en mi vida".

Las palabras de amor y la ternura de mi mami me dieron la confianza que años más tarde necesitaría. También descubrí la enfermedad más común en los seres humanos: la envidia. Y ésa sí mata. Pero, como dice el dicho: "Lo que no mata te hace más fuerte". Los comentarios de una persona que hasta hubiera vendido su alma al diablo con tal de ser rica, lejos de afectarme me ayudaron.

Después del incidente, seguí con mis travesuras. En esta ocasión la víctima fue mi bisabuela. Hasta la fecha no entiendo si Lala era un apodo o si en verdad se llamaba así. La viejita se la pasaba sentada en un sillón, con las piernas tapadas, mientras miraba la tele. Le gustaba mucho ver los concursos de belleza y hasta se burlaba de las participantes. En Señorita México las muchachas se presentaban y decían algo así como: "Hola, soy fulana, y Zacatecas los espera con los brazos abiertos". A lo que la bisabuela respondía: "¡Y con las piernas también!" La vieja era simpática. Tanto, que no se perdía *El chavo del ocho*. Lo disfrutaba acompañada de un cafecito; como era diabética, lo endulzaba con sacarina y con el jabón que yo le echaba a su tacita de café. Mi intención nunca fue matarla; es sólo que a esa edad el jabón en polvo y la sacarina me parecían semejantes. Tiempo después murió… pero ¡la autopsia nunca reveló que haya sido por envenenamiento! Gracias a Dios. De lo contrario, le hubiera dado el patatús a Chonito, mi abuelo, un señor serio, elegante y muy inteligente. Me llenaba de felicidad estar a su lado cuando me contaba unas historias como de cuento.

En la casa había una biblioteca con cientos de libros y él me decía: "Pregúntame sobre lo que quieras". Él sabía de memoria lo que había en cada uno de esos volúmenes.Puedo asegurar que es la persona más sabía que he conocido, y eso que sólo terminó la primaria. La pérdida de su padre lo obligó a tomar las riendas de su familia. Tuvo que hacerse cargo de sus hermanos y, por supuesto, de su madre, mi querida bisabuela Lala.Uno de sus tantos cuentos relataba que como no tenía ni un quinto debía pedir aventón a todos los vehículos que pasaban. No siempre hubo suerte y por eso fue famoso por sus zapatos rotos. Caminaba distancias tan largas que ni las suelas de llanta aguantaban su kilometraje.

Lo que no imaginó es que años más tarde traería los zapatos más finos e impecables del pueblo. Ese niño que pedía aventón para ir a trabajar se convirtió en el presidente municipal de San Francisco del Oro, y mi abuela Tetey en la primera dama, siempre vestida con la mejor ropa y las joyas más bellas que he visto. Tenía un porte que hasta la misma María Félix hubiera envidiado. Mientras mi abuela Tetey se lucía en las fiestas de la aristocracia, mi abuelita Andrea destacaba en la cocina con sus famosas tortillas de harina, que olían hasta la esquina. El exquisito olor a masa recién puesta en la plancha nos convertía a todos en ladrones. A escondidas sacábamos de un mantelito bordado las tortillas que salían del comal. Cuando llegaba la hora de la cena las tortillas ya nos habían empanzonado.

Hasta la fecha no ha nacido nadie que supere las tortillas de Andreíta o Andreítasn, como le decimos sus nietos. Mi abuela tuvo la habilidad de modificar el idioma español con frases como: "¿pos qué quieresn?" o "¿cómo te llamasn?" A todo lo que puede le agrega la terminación "sn". Su simpática forma de hablar, su hermoso pelito blanco y su figura redondita la han convertido en la abuelita más adorable. Cada vez que la veo me dan ganas de apachurrarla con mis abrazos y comérmela a besos.

Pero Andreíta también tuvo sus cinco minutos de fama. Nunca llegó a ser primera dama pero sí logró convertirse en una de las mujeres más deseadas por los hombres de San Andrés, no sólo por la fortuna que un día heredaría sino por su belleza y encanto, mismos que conquistaron a mi abuelito Raúl. Lo malo era que el pobre no tenía ni en qué caerse muerto, ¡pero por bruto! Un día, el joven Raúl recibió un telegrama de Chicago donde le informaban que un tío suyo había muerto, y en su testamento él aparecía como único heredero de una cuantiosa fortuna.

Estaba a un paso de hacerse millonario y conseguir el amor de la bella Andrea, la hija del hombre más rico del pueblo. Sin embargo, nunca logró reunir la cantidad necesaria para comprar su pasaje a Chicago y reclamar el dinero. Bien dicen que las cosas suceden por algo. Tal vez su destino y el de su amada nunca fue ser millonarios.

La madre de mi abuelita Andrea murió y su padre quedó tan deprimido que sólo se dedicó a beber. Como en las películas de Jorge Negrete, se la pasaba ahogando sus penas de bar en bar. Cuentan que mi bisabuelo era tan espléndido o, mejor dicho, tan pendejo, que gritaba a los cuatro vientos que los tequilas corrían por su cuenta. Un día su fortuna se esfumó, y él también. Ahora, Raúl y su adorada Andrea estaban al mismo nivel, no sólo en el aspecto económico sino también en el profesional, ya que años más tarde ambos escogerían una de las carreras más difíciles: ser maestros.

Todo lo hacían juntos, al grado de que se convirtieron en el mejor ejemplo a seguir. En la actualidad son pocas las parejas que logran cumplir más de 50 años de casados y amándose como lo hicieron ellos. Todos los días caminaban por el parque tomados de la mano, como cuando eran novios. Por las tardes se sentaban a llenar crucigramas para probar quién tenía el vocabulario más extenso, aunque, de vez en cuando, mi abuelito hacía trampa con la ayuda de una enciclopedia o miraba el resultado en la última página del folleto. Puede decirse que pasaron la mayor parte de su vida entre letras. Tal vez de allí nació mi interés por ellas. Muchas cosas me dejó el abuelo Raúl antes de que el cáncer me lo arrebatara, años después de perder a mi abuelo Chonito a causa de un paro respiratorio.

Mis abuelos han sido una gran fuente de inspiración para mí. Sus consejos, sus cuentos, su fortaleza y su tesón por ser alguien en la vida han dejado el mejor legado en mí: el lema "Nada es imposible".

Cruzar fronteras

Mi niñez transcurrió rodeada por todos estos maravillosos personajes que hacían de la obra de mi vida algo excepcional y único.

En la secundaria me dediqué a hacer lo que hacen todos los adolescentes: enamorarse. Era muy chica, pero ésa es la edad en la que se alborotan las hormonas y los hombres comenzaban a atraerme, aunque era tan tímida que a la hora de la hora salía corriendo. Soy de las pocas mujeres que pueden decir que su primer beso no fue justo como en las películas: a mí me lo robaron. El ladrón se llamaba Daniel, uno de los chavos populares de la escuela, que traía vueltas locas a unas cuantas. Entre ellas me encontraba yo. No entiendo qué le veíamos, porque, ahora que lo pienso, no era la gran cosa. Era alto, flacucho, con el cabello rizado y medio greñudo. Tenía la cara larga, como un caballo. Sin embargo, tenía algo que nos hacía suspirar.

Desde mi salón lo miraba pasar con sus amigos y mi corazón latía a mil por hora, aunque muy a menudo por los celos al verlo pasar con alguna chava. Era súper mujeriego y, como es obvio, yo no tenía esperanza alguna.Jamás se fijaría en alguien como yo, con cuerpo de niña y piernas de popotito, cuando podía tener a las mujeres mejor formadas de la escuela. ¡Cómo deseaba tener las caderas, las piernas y los senos de muchas de ellas! Quién diría que, años después, esos cuerpos serían igual a algunas carreteras mexicanas: ¡llenas de hoyos y curvas deformes! Pero, sobre todo, repletas de grasa, y no precisamente de automóvil. Ni las curvas más peligrosas fueron obstáculo para que Daniel me diera ese deseado primer beso.

Cierto día, nuestros maestros planearon una excursión a un pueblo de Chihuahua. Todos tuvimos que pedir autorización de nuestros padres, ya que dormiríamos allá. Pensé que mi papá me diría un rotundo no, pero no fue así. Mis papás me dieron la bendición y, con todo y bolsa de dormir, abordé el autobús. Iba sentadita, muy tranquila, y de pronto empezó a darme un sueño terrible, el cual me venció y caí dormida. Estaba tan profundamente dormida que comencé a soñar que unos labios rozaban los míos con suavidad. La sensación era tan real que podía sentir hasta la respiración, pero sabía que sólo se trataba de eso: un sueño. Abrí los ojos. La realidad estaba allí, frente a mis ojos, se llamaba Daniel y acababa de besarme. No sabía si darle una cachetada, empujarlo, levantarme y correr o devolverle el beso, pero no tuve valor. Era tan tímida que actué como si no pasara nada y fingí seguir dormida.

Entre Daniel y yo nunca hubo nada. Seguí viéndolo a través de la ventana de mi salón y él jamás intentó acercarse a mí. Así pasé la escuela secundaria: tímida y sin novio. Después de eso comprendí que no tenía talento para el arte del amor.

A medida que crecí descubrí otros talentos, como mi atracción por las artes: pintura, escultura, teatro, canto, baile, y fue así que comencé a dar rienda suelta a mis sueños.

Uno de mis talentos lo descubrió mi madre. Con la intención de quitarme la timidez decidió inscribirme en un concurso de modelaje. No lo supe hasta que un día recibí una llamada de una estación de radio. Me dijeron que acababa de ganarme una beca para estudiar en la academia de John Casablancas, en El Paso, Texas. No entendí lo que sucedía. Las personas de la estación de radio me explicaron que mi madre había mandado mis datos y que había sido la elegida. No me quedó más remedio que darles las gracias y correr a hablar con mamá. Le exigí que me explicara por qué no me consultó, y ella sólo respondió: "Ya lo entenderás".

Los famosos cursos de modelaje comenzaron y mi mamá era el chofer designado. Aunque para llegar a las clases teníamos que cruzar el puente fronterizo, siempre estaba puntual para tomar las clases. Poco a poco descubrí que el modelaje no me era del todo indiferente, sobre todo porque empecé a sentirme bonita. Nos enseñaban cómo caminar, sentarnos y posar, maquillarnos y peinarnos, y ¡hasta cómo sonreír!

Gracias a esas clases pude soltar algo en mí que no sabía que llevaba dentro. Al poco tiempo, la agencia de modelos organizó un concurso que se llamaba Twin

Cities Model of the Year. Como su título indica, el propósito era elegir a la modelo del año. Me inscribí ante la insistencia de mi madre, aunque confieso que yo también lo deseaba. Después de todo, las clases comenzaban a hacer efecto.

El día del concurso llegó. Después de muchos ensayos estaba lista para mostrar mis talentos a todo el mundo. Era la primera vez que me paraba en una pasarela, me temblaban las piernas y no sabía qué gesto hacer. La mayoría de las muchachas ponían la típica cara de modelo sexy. Pero, por más que yo lo intentaba, a mí no me salía, de manera que decidí simplemente sonreír. La sonrisa dio resultado porque no sólo me llevé el título de Señorita Simpatía, ¡también me llevé el premio gordo! Sentía que soñaba. No podía creer que yo era la modelo del año. Ese premio me dio una súper dosis de autoestima y descubrí que me encantaba estar frente al público.

Después de ese evento la agencia organizó un viaje a Nueva York. Iríamos a la convención más grande del mundo para reclutamiento de modelos. Mis papás me apoyaron desde el principio y me dieron un dinerito para mis gastos. Era la primera vez que viajaría sola; bueno, no tan sola, porque las chicas llevaríamos como chaperona a la directora de la escuela. No obstante, para mí, ¡eso ya era viajar sola! Además estaba muy entusiasmada porque nunca había estado en la ciudad de los rascacielos. Éramos siete chicas además de la directora, y los cuartos los compartiríamos entre dos. Al llegar, por la tarde, dejamos las maletas en el hotel y salimos derechito a la calle. Ver esos edificios tan altos, la gente agitada y taxis por todos lados me causó gran impacto. No podía creer que caminaba por las mismas calles que las supermodelos. ¡Y venía dispuesta a irme como una de ellas!

Dentro de la convención se realizaban diferentes actividades, concursos por categorías, desfiles y al final se hacían las entrevistas con los agentes más importantes del mundo. Entré en varias categorías, entre ellas la de "comercial de televisión" y "en busca de la mejor sonrisa". En la primera tuve que estudiar un guión para después pasar frente a la cámara y hacer mi gran actuación. Recuerdo que era sobre un producto para el cabello.

No obstante, había un pequeño problema: no hablaba inglés, así que les pedí a los miembros del jurado que me permitieran hacerlo en español. Para mi sorpresa, dijeron que sí. Las cosas empezaban a marchar bien, así que me alboroté la melena y entré decidida a todo. Fue comiquísimo ver los rostros de los miembros del jurado cuando no entendieron nada de lo que dije. Aun así, salí satisfecha con mi participación. En la otra categoría sólo tenía que entrar a un cuarto, decir mi nombre y sonreír para la foto, algo así como cuando dices cheese. No necesitaba el queso para enseñar la mazorca y lo hice sin ningún problema. Salí contenta. Sólo faltaba esperar la cena de gala, en la cual se premiaría a los ganadores.

La fecha llegó y todos los modelos nos reunimos en un lujoso salón del hotel. Teníamos que vestir de negro, puesto que esa noche también desfilaríamos en la pasarela frente a los agentes con un número colgado. Los agentes sólo tenían que elegir con cuáles números hablarían durante la famosa entrevista de trabajo. Al llegar la noche, me puse mis mejores trapos, con mucha seguridad caminé por la pasarela e hice lo que mejor me había funcionado: sonreír. Caminar entre cientos de modelos no fue difícil; hasta el momento sentía que había superado las pruebas y sólo faltaba ver si me llamarían para entrevistarme al día siguiente. Por el momento, sólo anunciarían a los ganadores de las diferentes categorías de concursos. Los afortunados aparecían en una pantalla gigante y luego pasaban a recoger su premio.

Muy tranquila, disfrutaba de la cena cuando de repente vi mi comercial de televisión. Mis compañeras me decían: "¡Eres tú!, ve, ve...", y yo no podía creerlo. ¡Era yo, y hablaba en español! Casi con el bocado en la boca me levanté a recibir tan codiciado premio. Pero eso no era todo. Después, cuando comía el postre, en la pantalla pusieron una foto en la cual sólo se veían dientes. Era yo una vez más. Mi sonrisa estaba siendo reconocida, así que le saqué brillo a mis dientes y me lancé por mi segundo premio. Me sentía feliz con lo que estaba sucediendo. Ahora sólo faltaba que por lo menos un agente quisiera verme.

Al día siguiente, todos los muchachos corrimos a ver las listas en las cuales aparecían los números más codiciados. Hubo personas que tenían 30 entrevistas; otras, ni una sola; yo tenía seis. Me bañé y me vestí lo más linda que pude y salí muy optimista a mis entrevistas. Algunos agentes sólo querían verme de cerca; otros, preguntarme cuáles eran mis intereses; algunos me dijeron que necesitaba más estatura... Pero uno me dijo algo que tendría mucho impacto en mi vida: que estaba interesado en colocarme como la imagen de

Pepsi en el mercado latino. Decía que mi *look* era justo lo que buscaba. Intercambiamos datos y números de teléfono y dijo que me llamaría. Por supuesto, me fui feliz, aunque con un poco de dudas. En la mente se repetían una vez tras otra las mismas preguntas: ¿Me llamará? ¿Será cierto todo lo que me dijo?

Después de tan cansado viaje, regresamos a El Paso. ¡Qué sorpresa! Lo vi tan diferente a Nueva York que por primera vez me di cuenta de lo pequeña que resultaba esa ciudad para mí y para la realización de mis sueños.

Mi vida siguió igual. Claro, todo el tiempo recordaba la famosa convención, la emoción de haber triunfado, los rascacielos de Nueva York, las inmensas calles que parecían congestionadas pasarelas... Hasta que un día el teléfono sonó y era él: el agente que me convertiría en una estrella. Como era menor de edad, me pidió hablar con mi papá, quien conversó durante varios minutos con el agente hasta que por fin colgó. Y digo por fin porque estaba ansiosa por preguntarle qué le había dicho. El agente había llamado para hacerles una propuesta a mis papás. Les dijo que había hablado con varias compañías y que algunas de ellas estaban interesadas en mí, que tenía un futuro impresionante en el mundo del entretenimiento y que quería que me mudara a Los Ángeles. Que me fuera unos meses con mi mamá para probar suerte, pues él estaba seguro de que conseguiría el éxito. Esa noche mis papás lo hablarían entre ellos y al día siguiente le darían una respuesta al agente.

Esa tarde llegué de la escuela emocionada y deseosa de conocer su respuesta. ¿Iría o no en busca de mi sueño? Lo que obtuve fue una larga plática con mis papás. En resumen, me dieron sus razones por las cuales no me dejarían ir. Mi papá me dijo que había sido una decisión muy difícil pero que habían llegado al acuerdo de que lo mejor para mí, en ese momento, era estar con mi familia. Con el tiempo lo entendería. Tenían la seguridad de que llegarían muchas otras oportunidades para mí. Me dijeron que tuviera paciencia y confianza. A pesar de todo, sólo tenía 17 años. No me fui, seguí el consejo de mis padres y me llené de confianza y paciencia.

De un momento a otro, todo comenzó a llegarme como por arte de magia. Mis sueños, poco a poco, tomaban forma y la vida me preparaba para algo enorme. En la escuela preparatoria, mis compañeros de clase me nominaron por tres años consecutivos para reina de la escuela. Aunque nunca gané, me quedé con la satisfacción de escuchar que al final, al anunciar a la ganadora, siempre se escuchó el grito de "¡Fraude! ¡Fraude!" Supongo que no sólo en la política se hace trampa.

Por fortuna, ésos no eran mis únicos talentos. Durante mis estudios de secundaria y preparatoria fui parte del grupo de danza folclórica: me sentía orgullosa de la cultura de mi país. Los mexicanos somos de los pueblos más patriotas y nacionalistas que he conocido. Cada vez que vemos los colores de nuestra bandera, cuando olemos uno de nuestros muchos platillos típicos y ni hablar de cuando escuchamos el sonido único del mariachi, todo se nos revuelve por dentro, ¡no importa cuán lejos estemos!

Por medio de los bailes podía expresar la alegría de ser mexicana. Sin embargo, esa alegría no me duró mucho. Un día, mi papá llegó a decirnos que por su trabajo tendríamos que mudarnos a Estados Unidos, a un suburbio de Ohio llamado Barren. Ni mis hermanos ni yo supimos qué decir. En un solo segundo mi vida había dado un giro de 180 grados. Miles de dudas y situaciones pasaron por mi mente en ese momento: ¿qué ocurriría con mi escuela? ¿Qué sería de mis amigos? ¿Cómo me comunicaría con mis nuevos compañeros? ¿Qué sucedería con las actividades que me gustaba hacer? Y lo que más me preocupaba era Octavio, mi novio de entonces.

Estaba tan enamorada que el simple hecho de pensar en irme ya me hacía extrañarlo. Me torturaba al pensar cómo se lo diría. Esa misma noche tuve que comunicarle que pronto nos iríamos a la tierra del famoso sueño americano. Nunca olvidaré su mirada ni sus ojitos llenos de agua.

Así pasó el tiempo, entre cajas, papeleo, clases aceleradas de inglés y fiestas de despedida, hasta que llegó el famoso día. Mis papás, mis hermanos y yo estábamos listos para partir y vivir una nueva aventura. Octavio nos acompañó hasta el aeropuerto. De pronto se escuchó el típico anuncio de: "Pasajeros con destino a la ciudad de Dallas, favor de abordar por la puerta número dos". Mi papá nos dijo: "Es hora, muchachos, vámonos". Abracé con todas mis fuerzas a Octavio y le di lo que sería nuestro último beso. Mientras abordaba, no dejé de voltear hacia atrás y ver su silueta, cada vez más pequeña y borrosa, que me decía adiós.

Ya sentada en el avión, mi padre se acercó y comenzó a hablarme con la ternura y madurez de un padre que ve llorar a su hija por amor por primera vez. Sólo tenía 17 años y sentía que mi vida se desvanecía junto con la imagen de Octavio. Una de las cosas más fuertes que aprendí de mi padre me la dijo durante esa conversación: "La vida nos pone pruebas muy duras a lo largo del camino para forjar nuestro carácter. Lo que vives hoy es sólo eso, una prueba. Ya verás cómo un día te reirás de este momento".

Llegamos a Dallas, para tomar el vuelo que nos llevaría a nuestro destino final. Un lugar desconocido con idioma, cultura y gente diferentes. La compañía que contrató a mi papá nos instaló en un departamento ubicado en un complejo donde vivían otros mexicanos enviados también por ellos. El departamento era sencillo y contaba con lo básico. Por fortuna estaba amueblado y listo para ocuparse. Ese día dimos una vuelta por la ciudad y en menos de una hora ya habíamos visto lo que sería el marco de nuestras vidas. Lo único que nos faltaba era conocer nuestra nueva escuela.

Eran las 6:30 de la mañana cuando tomé el autobús que me llevaría a Howland High School. Había dentro de mí una mezcla de sentimientos que no podía comprender y sentía un nerviosismo indescriptible. Por mi cabeza pasaban un montón de preguntas: ¿cómo serían mis compañeros? ¿Me aceptarían? Lo que más me intrigaba era cómo iba a comunicarme.

Al llegar a la escuela entré por una puerta que conducía a un pasillo largo lleno de *lockers*, como esos que veía en las películas. El lugar estaba repleto de gente, pero yo, como toda una valiente, caminé por allí con mis libros bajo el brazo. A cada paso que daba sentía el movimiento de una cabeza que volteaba para observarme. Las intensas miradas de los muchachos hacían que mis piernas temblaran... pensé que en cualquier momento caería al piso, desmayada por tanta presión. Todas las cabezas eran rubias y, como es obvio, la única que sobresalía era la mía. Ese día fue uno de los más difíciles de mi vida.

Conocí a todos mis maestros y tuve que ponerme de pie en cada clase para presentarme como la nueva alumna. Aunque sólo tenía que decir: "Hi, my name is Karla", me sudaba hasta el dedo chiquito del pie. Por fin llegué a mi clase de escritura, donde conocí a la que se convertiría en mi mejor amiga: un mujerón de casi dos metros que venía de intercambio estudiantil desde Noruega. Había alguien más que sentía lo mismo que yo, con la diferencia de que ella sí hablaba inglés. Nina era su nombre, y desde ese momento decidimos acompañarnos en esa nueva aventura.

Poco a poco hice amigos, aunque lo difícil fue hacer amigas, porque varones tenía para escoger. ¡Nunca tuve tanta suerte con los hombres! Igual que cuando debí conducir el auto durante las tormentas de nieve. Era un lugar frío y gris. El sol nos deleitaba con su presencia sólo algunas horas. Con decirles que salía de la escuela y al llegar a mi casa ¡ya era casi de noche! Por esa razón no había nada qué hacer además de ver televisión, comer y engordar.

Así transcurrió gran parte de mi estancia en Ohio. Lo más esperado eran los partidos de futbol americano, donde los chavos más populares pretendían lucirse en el campo de juego. Y qué decir de las porristas, quienes parecían sacadas de una revista. Parecía que el requisito principal no era la elasticidad sino la vanidad; ni el frío más feroz las hacía temblar a la hora de treparse en sus pirámides. En ese grupo estaba la mujer más bonita y codiciada de la escuela: Missy Grey. Era rubia, con unos ojazos azules enmarcados por unas cejas perfectas y tupidas, además de las pestañas de una jirafa. No conforme con eso, también tenía el cuerpo más envidiado del colegio. Tanta belleza resultó en una nominación para reina de la escuela.

Un día, mientras caminaba por los pasillos, me percaté de que afuera de las oficinas de la dirección colgaba una hoja. Cuando me acerqué a leerla, pude diferenciar pronto mi nombre hispano de entre todos los demás. En ese momento pasaron un montón de locuras por mi cabeza: ¿qué había hecho? ¿Querrían reportarme por algo? ¿El director necesitaba hablar conmigo? No entendía por qué mi nombre estaba allí. Y, de repente, cuál fue mi sorpresa cuando un compañero se acercó y me dijo: "Congratulations!" Yo estaba atónita y preocupada pues no sabía por qué me felicitaba. "¿Será que van a expulsarme?", me preguntaba, sorprendida.

La famosa lista contenía los nombres de los candidatos y candidatas a rey y reina de la escuela. No podía creerlo. Ahí estaba yo, la chica nueva, ¡la que no podía entablar una conversación con nadie! Apenas llevaba uno o dos meses de haber llegado. ¿Quién votaría por mí si nadie me conocía?

El famoso baile de Homecoming llegó y entonces se decidiría quién ganaría. Para entonces, la sombra de Octavio comenzaba a desaparecer. Uno de mis compañeros de la clase de español llegó muy puntal a recogerme a mi casa en limosina. Era un chico divino de ascendencia griega que me encantaba, se llamaba John Avasis y ¡hasta su nombre me sonaba atractivo! Sus padres venían en otro auto con no sé cuántas cámaras para captar hasta el más mínimo movimiento de su hijo. Los rituales norteamericanos me provocaban mucha risa; él llegó envuelto en su smoking (o tuxedo) y con unas flores que me colocó en la muñeca izquierda. Claro que mis papás, al ver tanto alboroto, no se quedaron atrás y también comenzaron a lanzar flashazos por todos lados.

Luego de tan extenuante sesión de fotos nos fuimos derechito al baile. Me sentía soñada; no podía creer que andaría de la mano de este adonis en el baile. Para mi desgracia, no pasó nada: no gané mi corona de reina ni el beso de mi príncipe azul. Llegué a mi casa sólo con el sabor del ridículo ponche de frutas de la fiesta.

Los días pasaron en Howland High y poco a poco me apoderé de la situación. Ya entendía todo lo que me decían y comenzaba a soltar mis palabras en inglish, como diríamos los latinos.

Tan bien me fue con el nuevo idioma que logré entrar a Kent State University, una institución muy reconocida. Decían que tenía un prestigiado departamento de comunicaciones y como eso era lo único que buscaba, me lancé a otra aventura. Mis clases me gustaban mucho y, aunque no era nada fácil, siempre logré ser de las mejores alumnas de cada curso. Tenía muy claro lo que deseaba hacer con mi vida y disfrutaba al máximo de lo que aprendía. Así pasó un año y medio. De pronto, llegó el momento de la decisión: me quedaba sola a terminar la carrera o regresaba con mis padres. Papá tenía que regresar a su puesto y en esta ocasión viviría en El Paso, que viene a ser lo mismo que Ciudad Juárez, porque ambas ciudades sólo están divididas por un puente.

La decisión fue tomada y regresé con mis padres a El Paso. No puedo negar que dentro de mí aún existía la ilusión de saber qué había sido de mi amado Octavio.

Era diciembre de 1994. Como por arte de magia ya vivía en mi nueva casa y estaba lista para ingresar a una nueva universidad, hacer nuevos amigos y reencontrarme con mis amigos del pasado; y, sobre todo, estaba lista para ver a Octavio.

Si piensan que el reencuentro fue un éxito, se equivocan. Tremenda sorpresa me llevé cuando lo vi en una discoteca con su nueva novia. Sentí que se me salía el corazón. No supe si acercarme a saludarlo, pues pensaba en cómo reaccionaría después de un año de no vernos. Por fin nos saludamos y me presentó a su novia. Desde ese momento todo cambió, pero a mi favor. Sin un hombre en la mente ahora podría dedicarme de lleno a mi nueva escuela.

El primer día en la Universidad de Texas en El Paso, más conocida como UTEP, fue mejor de lo que esperaba. Muchos conocidos de Ciudad Juárez acudían allí, después de hacer todos los días la cola del puente fronterizo para llegar hasta sus clases. Ese primer día fue fácil; por lo menos estaba en una ciudad fronteriza donde 80 por ciento de la población hablaba español, y lo mejor de todo era que conocía a mucha gente.

Poco a poco me hice de un círculo de amigas y la pasábamos súper bien. A todas nos encantaba andar en la pachanga. Cuando llegaba el fin de semana nos reuníamos en casa de Ale y, después de unos tequilitas, salíamos de reventón. Dicen que un buen estudiante es aquel que estudia y se divierte. En mi caso, la diversión nunca faltó aunque el estudio siempre fue mi prioridad y en verdad disfrutaba mis clases.

Cómo olvidar a la famosa doctora Byrd. Era la maestra más temida y odiada del departamento de comunicación, la típica gringa blanca, de ojos azules, flaca y con la altura de un avestruz. Parecía que le habían cortado el cabello en las fuerzas armadas porque parecía soldado, y ese corte complementaba su actitud demandante, como la de un militar. Nadie quería estar en sus cursos. Ella estaba a cargo de la materia de redacción periodística y era tan exigente que sus cursos comenzaban con 60 alumnos y terminaban con 10 o 15, y no porque los reprobara sino porque abandonaban la materia antes de que los reprobara.

El primer día de clases puso las cartas sobre la mesa y nos dejó muy claro que a ella no le importaba de dónde viniéramos, bien fuera de México, China, Japón o la India. Sus exigencias para con nosotros serían las mismas que con cualquier gringo. Esperaba la redacción de una persona que dominaba el inglés como primer idioma. Por fortuna, yo venía dispuesta a todo y así lo hice. Poco a poco logré su respeto y confianza, hasta que pude convertirme en una de sus alumnas favoritas. Pero no me gané ese respeto por lambiscona sino con base en mi trabajo. Quién diría que, años después, ella me daría mi primera carta de recomendación. Tienen razón quienes dicen que los maestros más estrictos nunca se olvidan. En mi caso, a ella es a quien más recuerdo y siempre le estaré agradecida.

Sin embargo, el estudio no era todo. Gracias a mi madre volví al mundo del modelaje. Un día, llegó con su actitud de mamá orgullosa a decirme que en una estación de televisión local realizaban *castings* para el concurso Nuestra Belleza Chihuahua. Buscaban a representantes de las diferentes ciudades para competir a nivel estatal; la ganadora iría al concurso nacional, el famoso Nuestra Belleza México. Aunque al principio no estaba segura, mi mamá logró convencerme de hacerlo. Así que fui derechito a la televisora, llena de chicas de todos colores, formas y sabores, todas con la ilusión de convertirse en la representante de México en el concurso Miss Universo. Había chavas guapísimas y con unos cuerpazos, la mayoría de ellas con cara sexy...

De nuevo decidí dejar a un lado el rostro de sensualidad y soltar mi mejor sonrisa. Mi oportunidad llegó y lo único que tuve que hacer fue posar para una cámara, decir nombre, medidas, estatura y ciudad de origen. Después de tan corta presentación teníamos que contestar algunas preguntitas para probar nuestro coeficiente intelectual. Por fortuna salí airosa de las pruebas; bueno, eso creí. Partí satisfecha con lo que había hecho; sabía que si eso era para mí, llegaría solo.

A los pocos días recibí una llamada de los organizadores para informarme que les había gustado mi participación y que me habían seleccionado como representante de la ciudad de Chihuahua. No podía creer lo que escuchaba. Estaba viviendo uno de mis sueños de niña, cuando escuchaba a mi bisabuela burlarse de las mujeres en los concursos de belleza con su "Hola, soy fulana y Zacatecas te recibe con las piernas abiertas". Estaba alegre y también segura de que si me preparaba ganaría el concurso estatal, para después participar en el nacional y terminar en Miss Universo.

Tal parecía que la palabra fraude me perseguía. El día de la competencia estaba segura de que ocuparía un lugar entre las finalistas. En los periódicos se mencionaban dos nombres como favoritas, y uno de ellos era el mío. El apoyo de la prensa me daba mucha seguridad. El momento esperado llegó y comenzaron a nombrar una por una a las finalistas. Mi nombre salió y yo estaba feliz. Sólo me faltaba el último estirón para llegar al primer peldaño del concurso nacional.

En la temida fase de preguntas contesté con tal soltura y seguridad que hasta a mí me sorprendió, pero al parecer no fue suficiente para los miembros del jurado. A la hora de deliberar eligieron a una chica opuesta a mí: rubia, ojos claros, de pronunciadas curvas; una vez más, quedé fuera. Como un *déjà vu* se escucharon a lo lejos los gritos de "¡Fraude! ¡Fraude!" No era sólo mi familia la que gritaba, sino muchísimas personas. Salí decepcionada. No podía creer que después de todo mi esfuerzo alguien más estuviera preparando sus maletas para partir a la capital del país a representar a mi querido estado de Chihuahua.

Al día siguiente salió en todos los periódicos que el jurado había sido comprado por el hermano de la ganadora, quien tenía supuestos nexos con el narcotráfico, y que el concurso había estado arreglado desde el principio. Nunca me había sentido tan defraudada y utilizada. ¿Cómo era posible que hubieran jugado con los sueños y los sentimientos de las participantes? De esa experiencia no sólo aprendí que los concursos de belleza no eran para mí sino que a veces sentimos que nuestro esfuerzo no es reconocido por los demás y nos sentimos fracasados y sin ganas de continuar con la lucha. Pero hay que darnos cuenta de que todas las experiencias que vivimos, buenas o malas, nos conducen a nuestro verdadero camino...

Próxima estación: la TV

Mi vida se dividía en tres: escuela, gimnasio y modelaje. Aunque en El Paso no se hacían desfiles tan importantes como en Nueva York, me sentía la mismísima Cindy Crawford. Aunque no lo crean, disfrutaba bastante de las tres actividades. Mis clases de comunicación eran lo máximo y hasta me parecían divertidas. Al salir de la universidad me iba derechito al gimnasio de la escuela, donde me encontraba con un compañero que se dedicaba al fisicoculturismo y se había convertido en mi entrenador personal. El chavo estaba tremendo, con el cuerpo súper marcado y perfecto para una clase de anatomía, porque podías ver todos sus músculos y hasta las arterias. Me gustaba mucho hacer ejercicio, porque al hacerlo sacaba todo mi estrés; además, cuando nos sentimos y vemos bien, nos llenamos de una seguridad increíble. Puede decirse que fue la época en la que más buena me sentí. Cada vez que pienso en ponerme en forma, la imagen de esa Karla viene a mí.

Además del gimnasio, me relajaba mucho el modelaje. Me encantaba pararme en la pasarela o hacer un comercial de televisión. Simplemente disfrutaba del proceso de maquillarme y arreglarme el cabello para sentirme atractiva. A los 18 años es lo que más nos preocupa, ¿o no?

Un día de suerte la agencia llamó a varios modelos de la ciudad porque una televisora local estaba realizando un reportaje sobre el modelaje y querían entrevistarnos. El programa se llamaba *El límite* y era una especie de revista juvenil con reportajes de moda, música, deportes y artistas. Los conductores eran una chava y un chavo. Me emocioné, empecé a ponerme linda para las cámaras y dispuse mi mejor actitud. No sé por qué, pero sentí que a partir de ese día mi vida cambiaría.

Todos estábamos allí, listos para la entrevista. Llegaron las cámaras, los presentadores y el productor, quien nos pidió que camináramos varias veces por la pasarela para que ellos pudieran filmar. Así lo hice; como siempre, puse mi mejor sonrisa. A esas alturas ya me había dado cuenta del poder que tiene una sonrisa. Después de varias vueltas a la pasarela nos pidieron que nos sentáramos. Todos estábamos alrededor de la pasarela, en posición muy informal. Como lo requería el programa, empezaron con las típicas preguntas: "¿qué es lo que hace un modelo?", "¿cuánto dinero ganan?", "¿qué es lo más difícil de esta carrera?", "¿cuánto dura la carrera del modelaje?",

"¿hay mucha competencia?", "¿uno tiene que ser lindo para ser modelo?", hasta que por fin llegaron a la pregunta que cambiaría mi vida: "¿cómo te ves en un futuro?" Cuando el micrófono llego a mí, contesté lo único que se me vino a la mente y con total certeza: "Me veo como conductora de televisión".

Ésa fue la última pregunta. Después, los chicos de la producción comenzaron a empacar su equipo. Todos salimos muy contentos, pues habíamos vivido un momento muy agradable. Sobre todo yo, que salí más contenta de lo normal.

Los días pasaron junto con la rutina cotidiana: escuela, gimnasio y, de vez en cuando, modelaje. Sentía que ya le hacía falta algo nuevo a mi vida.

Como por arte de magia, un día recibí una llamada en casa. Recuerdo que mamá corrió hasta mi cuarto para decirme que me hablaba un productor del Canal 26, de Univisión. Me sorprendió mucho pues no conocía a nadie de esa empresa; me preguntaba quién sería y dónde había conseguido mi teléfono. Y fue justo lo primero que me dijo cuando contesté: "Hola, soy Mario Góngora, productor de *El límite*, el programa que grabó el reportaje del modelaje. Llamé a la agencia y allí me dieron tu número telefónico, espero que no te moleste". Le dije que no, pero aún no conocía la razón de su llamada.

Me dijo que se le había quedado grabado el momento cuando dije que quería ser presentadora de televisión y que ése era el motivo de su llamada. Comentó que estaba por empezar un nuevo proyecto y quería saber si estaba interesada. "Veo en ti algo muy especial y creo que serías perfecta para el proyecto", me dijo. No podía creer lo que me decía. Sin pensarlo dos veces y sin saber de qué se trataba el famoso proyecto, le dije que sí. Me pidió que estuviera en la estación al día siguiente para hacerme unas pruebas y explicarme de qué se trataba el trabajo. Colgué el teléfono y comencé a gritar como una niña. Le conté a mamá y ella también se puso a gritar conmigo por la emoción. No sabíamos qué pasaría al día siguiente, pero estaba segura que algo bueno.

La noche me pareció eterna y estaba ansiosa de que llegara el día; mientras tanto pensaba en la ropa que me pondría, cómo me peinaría y todas esas locuras que una piensa, como cuando va a salir con un chico por primera vez.

Esa mañana fui a la escuela como siempre pero como nunca, porque estaba en la clase y a la vez pensaba en mi gran oportunidad. Quería salir para irme derechito a la estación, hasta que por fin llegó el momento. Recuerdo perfectamente el instante en que por primera vez entré al recibidor del canal más visto en la frontera, el popular Canal 26. Había tantas emociones encontradas dentro de mí que no sabía a cuál hacerle caso. Sentía nerviosismo, emoción, incertidumbre… ¿Qué me diría el señor Góngora?

Cuando estaba por responderme a esa pregunta, apareció el citado señor. Me sorprendió ver que era más joven de lo que imaginaba. Tal parece que no había puesto mucha atención a su apariencia durante la entrevista. Le dije: "Buenos días, señor". Entre risas, me respondió: "No manches, no me digas señor, ¡me haces sentir ruco!" Creo que ésa fue la mejor manera de romper el hielo.

Primero me dio un *tour* por las instalaciones del canal y luego fuimos al estudio. Nunca olvidaré la sensación que experimenté cuando entré a ese estudio: fue como si ya hubiera estado allí. Me di cuenta de la pasión tan grande que sentía por la televisión, el *set*, las cámaras y todas esas luces que hacen que ese medio sea tan mágico. Esas imágenes se quedaron grabadas en mí para siempre.

El momento de la verdad llegó y el productor me explicó de qué se trataba el proyecto. Su idea era crear un segmento de entretenimiento dentro del noticiario, segmento pregrabado durante el cual se hablaría de próximos eventos, conciertos, entrevistas con artistas y cosas por el estilo. Me dijo que creía que era perfecta para ser reportera de espectáculos. Me preguntó si me interesaba y, sin pensarlo, respondí que sí. Él sería el productor, camarógrafo y editor de los segmentos, y yo sólo tendría que leer y entrevistar. Era la primera vez que intentaban hacer un segmento de ese tipo, así que la presión sería mucho mayor. Aunque no tanta como la que sentí cuando el productor me pidió que me sentara a leer el teleprompter.

Traté de disimular el hecho de que en mi vida no había visto un aparato así. Es una cámara en la cual aparece el texto que el conductor debe leer; como está escrito en la parte del lente de la cámara, da la impresión de que no está leyendo.

Las palabras comenzaron a aparecer y sólo leí. Mi primer intento de leer el teleprompter fue un rotundo fracaso. Nunca pensé que fuera tan difícil, pues no sólo se trataba de leer sino darle énfasis y entonación a las palabras. Lo intenté una y otra vez hasta que, luego de dos horas, logré terminar de leer el que sería el primer segmento de *Espectáculos 26*.

Así fue. Al terminar de leer, el productor me dijo que esa grabación saldría esa misma semana en el noticiario.

Salí contentísima; no podía creer que en sólo unos días haría mi debut en televisión. Me sentía como una estrella: ¡era el noticiario más visto en la zona fronteriza de El Paso, Ciudad Juárez y Las Cruces! Y qué decirles de mi salario: me pagarían la nada despreciable suma de 200 dólares al mes. Así como lo oyen, ¡200 dólares al mes! Para mí era más que suficiente pues vivía con mis padres, era estudiante, no necesitaba más dinero que para mis comidas, diversión y gasolina. Además, tenía la certeza de que ése era sólo el inicio. Algún día cobraría lo que quisiera.

Mucha gente rechaza empleos por el poco dinero que ofrecen, pero no se detiene a pensar que eso es pasajero. Nadie empieza ganando un dineral. Además, es como si pagaran por permitir que la persona continúe con sus estudios, porque eso son los primeros trabajos: una continuación de la universidad, un lugar en donde sigues aprendiendo y, mejor aún, el lugar en donde adquieres experiencia. ¡Virtud que más adelante necesitará en muchos empleos!

Mi debut en televisión llegó y, con palomitas de maíz y todo, puse a mi familia a verlo. Cuando dijeron: "Y ahora vamos con Karla Martínez, quien nos tiene más detalles...", sentí como si de verdad fueran a verme en vivo. No lo creía: allí estaba yo, por primera vez, en ese cuadrito mágico al cual muchas veces quise meterme de niña. Un sueño más se hacía realidad.

Aunque me critiqué todo, me sentía satisfecha con mi trabajo. Sabía que, con práctica y experiencia, lograría pulir todos esos errores.

Espectáculos 26 cada día se hizo más popular y poco a poco entrevisté artistas que se presentaban en los conciertos locales. Unos de los primeros y más importantes fueron Vicente y Alejandro Fernández, quienes se portaron de maravilla conmigo. No puedo negar que lo que más me gustó fue estar al lado del charro más guapo de México. Todas las chicas hubieran dado lo que fuera por haber estado cerca de Alejandro Fernández, y yo lo tuve allí, frente a mí. Cada día me convencía más de cuánto amaba mi carrera.

Pero eso era sólo el inicio. Un día, mi productor, Mario, quien para entonces ya se había convertido en un gran amigo, me dijo que me preparara porque nos íbamos a Los Ángeles a entrevistar a nada más y nada menos que a Salma Hayek. No podía creerlo, estaría frente a frente con uno de mis ídolos y gran representante de mi país en Hollywood. Desde entonces la admiraba muchísimo por haber alcanzado su sueño de entrar en el mundo del cine.

La entrevista sería para promover la película *From Dusk Till Dawn*, dirigida por Robert Rodríguez, y sólo tendríamos la oportunidad de estar con ella 15 minutos. Confieso que me sentía un poco nerviosa pues era mi primera entrevista con un artista de Hollywood. Me preguntaba muchas cosas: ¿estaría lista para una entrevista así? ¿Como se comportaría ella conmigo?

Mientras empacaba la maleta, mamá entró a la recámara, me dio un libro que hablaba sobre el poder de la mente y me dijo que éste me ayudaría mucho. Nunca había leído algo así pero me pareció interesante, así que lo llevé para leerlo durante el vuelo.

Abordo del avión le dije a Mario que me sentía un poco nerviosa y que no sabía si estaba lista para afrontar una entrevista como aquélla. Él, quien siempre tenía los mejores consejos, me dijo que no me preocupara y que estaba seguro de que lo haría muy bien. "Sé tú; recuerda que si estás aquí es por algo y tienes todo para lograr ser una gran periodista", reiteró. Puso en mí su confianza y eso me llenó de mucha seguridad.

El libro del poder de la mente también jugó un papel muy importante. No recuerdo el nombre del libro, pero lo que nunca olvidaré es el mensaje que se me grabó en la mente ese día: "Si tú te lo crees, será".

En pocas palabras, el libro decía que cuando uno cree en las cosas, se realizan. Si uno cree ser el mejor cocinero, lo será. También presentaba unos ejercicios de visualización. Estos ejercicios tenían que practicarse por lo menos diez veces al día y consistían en pensar e imaginar cómo se vería el lector en un futuro. En mi caso, visualizarme como la mejor reportera del mundo, ver con lujo de detalles todo lo que sucedería en esa entrevista, desde el saludo hasta el final. Cómo serían las paredes, el olor de la habitación, la energía y hasta las palabras utilizadas. Este ejercicio era justo el conducto para atraer todo aquello que veía en mi mente.

Así lo hice y pasé el resto del vuelo imaginando cómo sería todo: la ropa, mi cabello, el lenguaje corporal, mis palabras…

Sucedió tal y como lo había imaginado. ¡Todo salió perfecto! Llegué puntual a la entrevista y Salma me recibió de muy buena manera. Todo fluyó como tenía que ser: en armonía. Parecía como si ya hubiera hecho esa entrevista, la imaginé tanto que fue como si la hubiera practicado en mi cabeza. Salí con una gran satisfacción, y mi productor y yo nos fuimos a celebrar el inicio de una linda carrera.

Una prueba sintética

Mi trabajo en el noticiario se dio a conocer y se volvió tan popular que hasta patrocinadores conseguimos. Nos invitaban a los eventos más importantes de la frontera y siempre nos concedían las entrevistas primero que a nadie. Sin embargo, quería más. Necesitaba un nuevo reto en mi vida. Deseaba volver a sentir la adrenalina que sentí la primera vez que leí un teleprompter, la misma de cuando entrevisté a Salma Hayek. Necesitaba algo nuevo. ¡Y como por arte de magia ese reto llegó!

Estaba en casa cuando sonó el teléfono. Mamá contestó y me dijo que me hablaba María López. No conocía a nadie con ese nombre. Extrañada, contesté. Me dijo que era María López, de Univisión Network, en Miami, y que me llamaba porque había visto mi trabajo. "Soy productora de *Primer Impacto* y busco una corresponsal en Texas. Creo que tú serías ideal. Se trata de hacer historias divertidas, ligeras y de entretenimiento. ¿Te interesa?", me preguntó.

Me quedé fría; me daban ganas de gritar de emoción. No sabía si era una broma, pero sentía como si el estómago se me hiciera bolas. "¡Claro!", respondí. Ella me dijo que perfecto, que lo único que necesitaba era que le mandara un reportaje estilo *Primer Impacto*. Todo ocurría demasiado rápido. Me preguntó si tenía camarógrafo y le dije que sí. Sus últimas palabras fueron: "Mándame el reportaje lo más pronto posible para mostrárselo a los ejecutivos y ver qué dicen".

Colgué el teléfono y me puse a gritar y brincar en la cama de emoción... ¡Me llamaron de Univisión nacional! No podía creerlo, ¡había soñado tanto con ese momento! Visualicé muchas veces que vivía en Miami, con mi propio programa para la cadena nacional. ¡Qué iba a saber entonces que ése era el inicio de mi gran sueño!

De inmediato llamé a Mario para contarle lo que me había ocurrido y le dije que ésa era la oportunidad para el crecimiento de ambos, pues él también soñaba con trabajar en Univisión nacional. Los dos gritamos de emoción y pronto nos pusimos de acuerdo sobre lo que sería el reportaje de prueba.

Mi meta era que el reportaje quedara tan bien hecho, con la calidad y el estilo del programa, que me abriera las puertas de la cadena. También necesitaba algo que funcionara rápido, fácil de producir y donde no gastáramos mucho, pues la verdad no teníamos ni un quinto. Después de darle muchas vueltas, se me ocurrió hacer un reportaje sobre la moda de plástico que en esa época estaba entrando muy fuerte. Llamé a un amigo, dueño de una boutique, y le pedí que me permitiera entrevistarlo al respecto. Como no tenía para pagar modelos, les pedí a todas mis amigas que se convirtieran en mis Cindys, mis Naomis y mis Claudias. Por suerte eran muy bonitas, y con unas clasecitas de modelaje lo harían muy bien. La maestra de pasarela sería yo. ¡Y la maquillista, también! De algo sirvieron las clases que tomé durante tanto tiempo...

Todo estaba pautado y todo el mundo se sentía muy contento de colaborar. Hicimos la entrevista, hablamos sobre las prendas del momento, las modelos caminaron y mostraron los atuendos más locochones y Mario hizo sus mejores tiros de cámara. Después llegó el momento de la posproducción, que es el proceso de revisar lo que se grabó, elegir las mejores imágenes, escribir y editar las entrevistas. No sabía muy bien cuál era el formato correcto, pero también para eso contaba con las personas correctas. Me lancé al estudio de noticias del canal y pedí a los técnicos que me enseñaran el formato más adecuado. Allí, con todos ellos, tomé un curso intensivo de escritura para televisión. Aunque en ese momento estudiaba periodismo, todavía no tomaba las clases de guionismo. Ésa es una de las ventajas de trabajar en el campo mientras se estudia, lo que les decía de la experiencia. ¡A los 18 años escribía mi primer reportaje para un programa nacional!

Por fin, después de mucho escribir y editar, el reportaje quedó listo y empaquetado para enviarlo por Fedex. Necesitaba que llegara lo más pronto posible. ¡El estrellato me esperaba! El paquete llegó muy puntual a las oficinas de Univisión en Miami; para ser exactos, a las 10:00 de la mañana. ¡Ya saben que Fedex nunca falla! Estaba ansiosa por recibir la llamada de María López y que me dijera que le había encantado.

Las horas pasaron y nada. Hasta que por fin mi celular sonó. En la pantalla aparecía un número con código de área 305. Eso ocasionó que por poco me diera un infarto. ¡Era de Miami! En la línea estaba María, una de las productoras más reconocidas de la televisión y cuya voz ya me era familiar. ¡Lo mejor era que hablaba conmigo! Me dijo que había recibido el paquete y que les había gustado mucho el trabajo, tanto el mío como el de cámara. Me pidió una dirección para mandar unos cheques; asombrada, pregunté: "¿Cheque de qué?" Incluso llegué a pensar que me estaba liquidando antes de contratarme. "El cheque es por el reportaje, que sale este jueves en *Primer Impacto*, dijo María. No podía creerlo. Lo había logrado. Mi reportaje de prueba había quedado tan bien que saldría al aire esa misma semana.

Mi amigo y camarógrafo Mario y yo estábamos tan contentos que no sabíamos cómo celebrarlo. Nuestros sueños poco a poco tomaban forma. Mario era tan bueno en lo que hacía que pronto se iría de El Paso, pues esa ciudad era muy pequeña para él. Ese día nos juramos que el primero que se fuera a Miami jalaría al otro. De esa forma seguiríamos siendo un gran equipo, porque, sin la ayuda y los consejos del "señor" Góngora, nada hubiera sido igual. Uno de los secretos para llegar a la cima es rodearse de la gente correcta, que tenga tus sueños y aspiraciones, con las mismas ganas de luchar, sin envidias y, sobre todo, personas que tú admiras y te admiran. Así era nuestro equipo.

Los días pasaron y un día recibí un sobre de Univisión. Lo abrí con tal rapidez que hasta me hice una cortada con el papel, de esas pequeñitas que arden con ganas. ¡Ta, ta, taaaaan! Dentro del sobre estaba el que sería mi primer cheque de Univisión. ¡Eran 200 dólares! Para mí, eso era un dineral... ¡Me pagaron por un reportaje lo mismo que ganaba al mes con mi segmentito de espectáculos!

De inmediato llamé a María López para agradecerle y asegurarme de que el cheque no fuera un error. Ella respondió mis preguntas con tres buenas noticias, una detrás de la otra.

La primera: "Estás contratada".

La segunda: "Te pagaremos 200 dólares por historia, así que entre más mandes, mejor para ti".

Y la tercera: "Nos gusta el trabajo de tu camarógrafo y también queremos contratarlo".

Ya se imaginarán cómo me puse. No podía dejar de gritar de la emoción. No sólo había logrado entrar a la cadena nacional, sino que también me ganaría un dineral, porque, repito, eso para mí era un dineral. Por si fuera poco, trabajaría con mi camarógrafo favorito.

Mi carrera despegaba y una gran oportunidad había llegado a mi vida. Pero, más que eso, había visto esa oportunidad. A veces, los seres humanos vivimos tan de prisa que no vemos las oportunidades que pasan por nuestras vidas. Yo la vi y corrí todos los riesgos sin importar el resultado. Nunca pregunté cuánto ganaría, cuántas horas trabajaría y, en especial, a todo dije que sí. Nunca antes había escrito un guión para televisión y ni siquiera conocía el formato, pero dije que sí a todo lo que me pidieron. Nunca digas no. Es mejor investigar y preguntar cómo hacerlo antes de decir que no puedes o no sabes. Al jefe nunca se le dice "no sé". Ése es un consejo que alguna vez me dio mi padre.

Lo que me sucedió durante esta cercana y, a la vez, lejana época de mi vida, comprueba una vez más que la existencia está llena de oportunidades y de personas que son clave para nuestra superación. A veces me pregunto qué hubiera sido de mi vida sin Mario, sin María, sin la entrevista en *El límite* y sin el segmento del noticiario. Por eso te digo que abras bien los ojos para que las oportunidades y las personas no pasen inadvertidas, como una película que sólo contemplas ¡cuando puedes convertirte en su protagonista con facilidad! Si logras detectar oportunidades, tómalas, no las dejes ir porque de ellas recibirás una enseñanza. Yo las vi venir y las tomé. Dije que sí casi de manera automática. Otro punto importante a resaltar es que hay que arriesgar todo por lo que uno cree, incluso cuando los demás no crean en uno. No olvides ser tú mismo el líder de tu vida. Sé tú el artesano de tus sueños. Y, por último, sé tú tu propia competencia.

Mi padre Luis Carlos y mi mamá María Goretti en la fiesta
de mi segundo cumpleaños.

Con mi hermano Luis Carlos. Él, un año; yo, tres.

En la escuela, a los cinco años.

Modelo, a los 19 años.

Grabando *Control* en California.

Hacienda Santa Lucía, en Jalisco (vestido diseñado por mi amigo Lázaro).

Mi esposo Emerson y yo.

Mi hermana Andree, mi hermano Luis Carlos, mamá Goretti, mi esposo Emerson, mi papá Luis Carlos y yo.

Con mi abuelita Andrea (mamá de mi mamá).

Mi esposo Emerson y yo.

Con mi esposo Emerson; ocho meses de embarazo.

Embarazada, ocho meses.

Mi hija Antonella a las dos semanas de nacida.

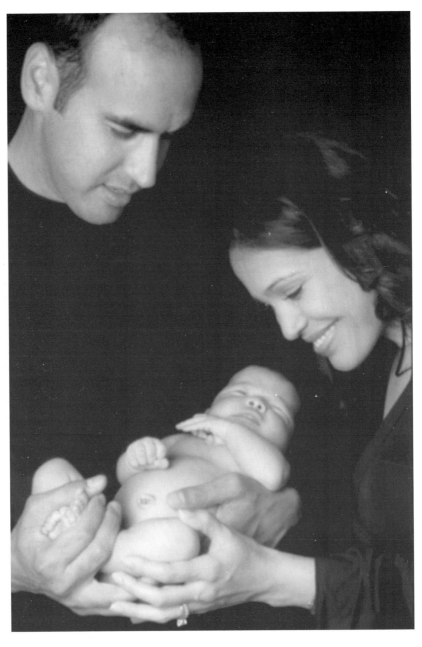

Mi esposo Emerson, mi hija de dos semanas de nacida y yo.

Mi hija Antonella.

Mi hija Antonella y yo.

Mi hija Antonella y yo.

Con el público en la alfombra roja de los Premios Juventud.

Entrevistando a Enrique Iglesias en la alfombra roja de Premios Juventud.

Entrevistando al grupo RBD.

Mi primera visita a Univisión como corresponsal de *Primer Impacto*, con Mirka y María Celeste.

Con el actor Eduardo Verástegui, durante *Despierta América*.

Con Don King en *Despierta América.*

Con Chayane, cuando me dieron la sorpresa de conocerlo en *Control*.

Con Ricardo Arjona durante *Despierta América*.

Con José José durante *Despierta América*.

Con Andy García.

Con la supermodelo Cindy Crawford.

Entrevistando a Juanes.

Con Salma Hayek y Mario en los inicios de mi carrera en Los Ángeles.

Con mi amigo *el Gordo De Molina* en mis inicios en *El Gordo y la Flaca.*

Con Ricky Martin en *Despierta América*. Él toca mi pancita de ocho meses.

La fuerza del amor

Mucha gente pasa su vida en la búsqueda de la famosa clave del éxito. ¿Qué es? ¿Dónde se encuentra? ¿Quién nos la entrega? Lo cierto es que nunca nos detenemos a pensar que la clave del éxito no está afuera y nadie nos la entrega. Está dentro de cada uno, guardada en el lugar más seguro y, al mismo tiempo, más vulnerable que tenemos: el corazón. El corazón que le ponemos a las cosas que nos gustan, con el que realizamos nuestro trabajo todos los días, con el cual ayudamos a los más necesitados y, sobre todas las cosas, con el cual amamos a nuestros semejantes.

Dicen que el amor es la fuerza que mueve al mundo. La frase se escucha un poco trillada pero, en mi caso, puedo decir que es la fuerza que me ha movido e inspirado a ser mejor cada día.

La vida no era sólo escuela y trabajo. Como cualquier muchacha de 18 años, soñaba con mi príncipe azul. Igual que muchas otras chicas de mi edad, tenía exigencias y requisitos que el príncipe debía cumplir antes de entregarle mi corazón. No deseaba un hombre tan guapo que prefiriera ver sus ojos antes que ver los míos. No deseaba al millonario que me tomara como un objeto más. No deseaba al caballero que de tanto abrirme la puerta un día me dejara encerrada. No deseaba al detallista que con tantos detalles ocultara su verdad. No deseaba al hombre tan espiritual que predicara sin escuchar a su mujer en soledad.

Mis exigencias eran simples: pedía un hombre que me amara y me hiciera reír. Un hombre que me aceptara con todas mis cosas buenas y todas mis cosas malas. Un hombre que siempre encontrara la manera de dibujar una sonrisa en mi rostro.

Aunque no lo crean, ese hombre llegó, tal y como me lo imaginaba. Dicen que la visualización funciona; bueno, pues también funciona en el amor. La historia de mi príncipe comienza así:

Era uno de esos días de regreso a clases en la universidad. Entre una y otra, cruzaba la calle para llegar al edificio en donde me esperaba mi clase de sociología. Les voy a describir lo que sucedió tal y como me lo contó mi príncipe.

Yo caminaba con unos *jeans* súper apretados que dejaban ver mis bien moldeadas pompas. Tenía 18 años y hacía bastante ejercicio. Una blusita a cuadros rojos con blanco resaltaba el color de mi piel. Y qué decirles de mi cabello: rizado y largo como el de una leona. Es así como él me vio. Y digo él porque yo ni cuenta me di de que en ese momento nos cruzamos en la calle. Él me miró y pensó: "¡Guau! ¿Quién es esa chava? ¡Quiero conocerla!".

Me cuenta que esa imagen se le quedó grabada en la mente y que me buscó durante varios días hasta que, en cierta ocasión, mientras conversaba con unos amigos, comenzaron una de sus famosas pláticas de hombres. Ya saben que los hombres, si no hablan de deportes o de autos, hablan de mujeres. Justo ese día tocó el tema de las mujeres y todos comentaban sobre qué chicas eran las más "buenas" de la temporada. A mi príncipe se le ocurrió comentar que había visto una morena que le había encantado, pero que no había vuelto a verla. Incluso hasta se le ocurrió decir que yo tenía el tipo de Salma Hayek, a lo que uno de sus amigos respondió: "Creo que yo sé quién es; es delgada, de cabello negro y rizado, y con unas nalgas divinas. Está en mi clase de sociología; de hecho, yo le estoy 'tirando la onda'". Mi príncipe, ni tonto ni perezoso, le dijo: "A ver, ¡llévame a tu clase!".

Ahora va lo que yo recuerdo. Yo estaba muy atenta en mi clase de sociología cuando de pronto vi que mi compañero de clase me hacía señas desde el pasillo. Estaba acompañado por otro muchacho que yo no conocía. No entendía que quería decirme, aunque ahora sé que quería hacerme voltear para que mi príncipe se asegurara de que la "chava" que buscaba era yo.

Él le dijo: "¡Ésa es, 'güey'! ¡Consígueme el teléfono!". Mi compañero le dijo que no, que él lo tenía pero que no podía dárselo. No sé cómo, pero mi terco príncipe insistió hasta que mi compañero se lo dio.

Ese día, mi compañero de sociología me dijo que tenía un amigo que quería conocerme, el que estaba parado en el pasillo. Me preguntó si estaba interesada. Antes de que se diera cuenta la maestra, le dije que no.

Transcurrió la semana y el viernes sonó el teléfono en casa. Mamá tomó la llamada y le dijeron: "Hola,

¿podría hablar con Karla?" Mi mamá respondió: "¿De parte de quién?" Al otro lado de la línea la voz dijo: "Mire, señora, para qué le digo, ella no me conoce, pero la he visto en la universidad, me gusta mucho y quiero conocerla". La mayoría de las madres hubiera sufrido un infarto a causa de esa respuesta o colgado el teléfono. ¡Pero no mi mamá, quien es de lo más alcahueta que te puedas imaginar! Ella soltó la risa y ofreció: "Sí, aquí te la paso".

Contesté con un neutral: "¿Bueno?". El príncipe respondió: "Hola, ¿cómo estás? Me llamo Emerson; no me conoces, pero te he visto en UTEP, me gustas mucho y quisiera conocerte mejor, ¿qué vas a hacer hoy?". No podía creer lo que escuchaba. Era el hombre más lanzado y más urgido del mundo. Sin embargo, después de pensarlo, le dije que esa noche iría con mis amigas a una discoteca de moda y que, si quería, podíamos encontrarnos allí. Era el momento ideal para conocer al tal Emerson. Si estaba loco, no podría hacerme nada pues estaría acompañada y en un lugar público; si estaba cuerdo y bueno, podría quedarme a bailar con él toda la noche.

El momento de la verdad llegó. Me metí a bañar, me puse mis cremitas y perfume por si me besa, por si me abraza y por si se pasa... Arreglarme el cabello era lo que más tiempo me tomaba, y más ese día porque había decidido llevarlo lacio como una japonesa. ¡Imagínense planchar la melena de un león!, bueno, pues eso hice. Luego el maquillaje, que debía quedar perfecto; era la maquillista oficial del grupo y tenía obligación de verme siempre radiante. Por último, la parte más difícil: ¡la ropa! Creo que todas las mujeres sufrimos ese dilema. Me probé muchas prendas y, según mi costumbre, se lo modelé a mamá. Siempre que le decía: "Es que no sé qué ponerme", ella respondía: "Uy, pobrecita, es que no tienes ropa", para burlarse de todo lo que guardaba en el clóset. Muchas de ustedes se identificarán conmigo porque, ¿a qué mujer no le gusta ir de *shopping*? A mí me encantaba; de hecho, era uno de mis pasatiempos favoritos. Aunque no tenía dinero para comprarme cosas caras, buscaba y buscaba entre baratijas hasta encontrar algo que se viera de caché.

Por fin salí de mi casa vestida de gris. Era un pantalón pegadito con un chalequito que dejaba ver un poco de mí, en ese entonces, una marcada pancita. Qué lindo recordar cómo me sentía a esa edad y lo esperadas que eran las noches de fin de semana. Era lo que más nos emocionaba a mis amigas y a mí. A pesar de ser una periodista profesional que trabajaba para la cadena hispana más importante de Estados Unidos, ¡en el fondo aún era una simple jovencita!

Llegamos a la discoteca. Como siempre, la fila para entrar daba la vuelta a la cuadra. La gente gritaba: "Somos cuatro", "Ándale, no seas gacho, déjame entrar" o "Qué onda, ya llevo media hora en la fila". Nosotras no hacíamos fila: llegábamos muy seguras, envueltas en nuestros mejores trapos, hasta el frente de la puerta. Parecíamos artistas o al menos así nos sentíamos. Nos ayudábamos a elegir el atuendo perfecto, después me encargaba del maquillaje y del peinado, a veces, hasta de cortar el cabello. Eso lo aprendí de tanto ver a mi abuela en su salón de belleza. Me encantaba ver qué estaba de última moda en las revistas y lo ponía en práctica con mis amigas. Poco a poco descubrí diferentes trucos que me ayudaban a esconder los más grandes defectos y a resaltar lo más lindo de la mujer. Gracias a nuestros encantos siempre lográbamos entrar sin esperar ni un minuto en la puerta. Por supuesto, no faltaba quien gritara: "Oye, por qué a ellas sí..."

Ya adentro de la discoteca les conté a mis amigas lo del tal Emerson y que habíamos acordado encontrarnos allí. Para mi sorpresa, varias dijeron que habían conocido a un Emerson en la preparatoria, pero no estaban seguras de si se trataba de la misma persona. Me lo imaginaba feo y súper urgido de una mujer. Después de su declaración por teléfono no podía esperar menos.

El antro estaba en su apogeo y yo feliz en la mesa, baile que baile con mis amigas. De pronto, por la escalera vi a un chavo que me encantó. Nunca lo había visto: alto, delgado, de cuerpo atlético, cabello un poco largo y negro y ojos preciosos, cubiertos por unos pequeños lentes. De inmediato les dije a mis amigas: "¡Guau! ¿Quién es él?" Las que me escucharon, respondieron: "No seas mala onda, tú acordaste verte con un chavo". Era cierto, había olvidado por completo a Emerson y sólo pensaba en conocer a ese chico de los ojitos lindos que había desaparecido entre la multitud. Quería volver a verlo y comencé a buscarlo con la mirada sin resultado alguno.

Estaba en la búsqueda cuando sentí una mano en mi espalda que me pregunto: "¿Karla?" Al voltear, casi me muero: era el chico de los ojitos lindos que me extendía la mano para presentarse: "Hola, soy Emerson".

A partir de ese momento, mi vida cambió. Cuando nos miramos a los ojos, supe que era el hombre de mi vida. Sentí que ya lo conocía. Era él, mi príncipe, tal y como me lo imaginaba. Sencillo, noble, apuesto... Después de mirarnos fijamente, me puse tan nerviosa que no supe qué decir, de manera que mis amigas me jalaron y nos fuimos a bailar. ¡No alcancé a decirle nada!

Bailaba en la pista con mis amigas pero no dejaba de pensar en él. Quería verlo, sentirlo, así que abandoné la pista e hice lo que nunca había hecho: fui a buscarlo. Lo encontré con un amigo al lado de la barra seguro me había odiado y pensaba que era la más engreída y fresa de las mujeres. Su amigo se burlaba de él porque yo no le había hecho caso. Sin dudarlo, me acerqué y le dije: "Vente, vamos a bailar". Él caminó hacia a mí y su amigo se quedó atrás con la boca abierta.

Esa noche fue maravillosa. Sentía mariposas en el estómago. Nunca me había sentido así. Bailamos y estuvimos juntos parte de la noche. No podía dejar de ver esos ojitos que me hacían temblar y, lo mejor de todo, ¡me hacían reír! No dejábamos de mirarnos. Fue amor a primera vista, sentí que ya lo amaba y, por primera vez, ¡en sus ojos vi mi vida!

Como en el cuento de una Cenicienta, dieron las dos de la mañana y debíamos irnos. Aunque no quería dejarlo, tuve que despedirme. No me soltaba las manos y, con mucha ternura, decía: "No te vayas, quédate otro rato". La fiesta terminó. Alcancé a gritarle mi número de teléfono pero, él ya lo tenía y sólo respondió: "Te llamo mañana".

El regreso a casa fue como si levitara. Durante el trayecto hablé de lo maravilloso que era, que si sus ojos, su cabello, su cara, su simpatía... Mis amigas me dijeron que me cuidara, que él era el chavo que conocían de la prepa y que tenía fama de mujeriego, pero no les creí. Había visto tanta sinceridad en sus ojos, tanta ternura, que nada de lo que me dijeran cambiaría mis sentimientos.

Esa noche, como una adolescente, no hice más que pensar en él. Quería que fuera el día siguiente para que me llamara. Por la tarde recibí su llamada para invitarme al cine; no lo dudé y le pedí permiso a mis papás. Bueno, más a papá que a mamá. Él era el típico padre celoso que deseaba entrevistar a cualquier hombre con quien yo salía. De mi mamá ya le dije que era una alcahueta; se moría por conocer al chico de aquella original llamada telefónica.

No muy puntal llego por mí. Aún recuerdo lo que traía puesto: *jeans* con un suéter a rayas blanco con rojo, que después se convirtió en uno de mis favoritos. Estaba en mi habitación, que daba a la entrada de la casa, tras la ventana en espera de su llegada. Lo seguí desde que bajó del auto hasta que llegó al timbre. Bajé corriendo, con los latidos del corazón a mil por hora.

Abrí la puerta y allí estaba mi príncipe azul, el hombre de los ojitos lindos. Le di un beso en la mejilla y lo invité a pasar para que conociera a mis papás. A ellos les gustaba saber con quién andaba su hija. Todo salió bien. Mi papá lo saludó muy serio y mi mamá sonriente. Les dije que iríamos al cine y me respondieron: "Está bien, no llegues muy tarde".

Fuimos al cine. Por fortuna, las películas habían empezado, así que decidimos ir a cenar. Ésa era una mejor idea si lo que queríamos era conocernos. Fuimos al famoso y único Applebee's, porque en El Paso no había muchas opciones, y menos para estudiantes sin lana. Estuvimos allí dos horas y hablamos de nuestros gustos, trabajos y familias. Bien dicen que el mundo es chiquito: su hermana resultó ser amiga mía pues modelamos juntas varias veces. Sí que es raro el destino: cuántas veces llamé a su casa para preguntar por ella y cuántas veces me habría contestado él. Pero las cosas llegan cuando tienen que hacerlo.

Así llegó nuestro primer beso. Después de la cena, me llevó a mi casa. Al despedirnos, me dijo: "Entonces qué, ¿qué somos?". No entendí lo que decía. Volvió a preguntar: "¿Qué somos?, ¿novios o amigos?" Si eso era una declaración de amor, era la más original o fría que había escuchado. Pero qué podía esperar de alguien que llama y dice: "Tú no me conoces, pero me gustas mucho y quiero conocerte". Le respondí que no nos conocíamos y no podíamos decidir eso así, tan rápido. Él me dijo: "No necesito conocerte más: eres la mujer que siempre he buscado". Me quedé fría, pues era lo mismo que sentía por él, así que, sin pensarlo dos veces me acerqué, lo besé en los labios y le dije: "¿Eso contesta tu pregunta?" Así, con el beso más tierno, nos dimos el sí el uno al otro. Lo más simpático es que se marchó diciendo que no podía creer que ya tuviera novia.

Nadie me creyó cuando el lunes, en la universidad, les conté a mis amigas que tenía novio y era Emerson. Me dijeron que estaba loca, que era muy pronto, que sólo lo había visto una vez… Eso no me importó. Algo dentro de mí me decía que estaba en lo correcto: era mi corazón, el cual no me engañaba porque por primera vez estaba enamorada.

Pasó el tiempo. Nuestro amor crecía más y se volvió más fuerte cada día. Éramos la pareja más linda y todo el mundo nos decía que derramábamos miel. Siempre estábamos juntos. Éramos el uno para el otro; en cada beso, en cada abrazo entregábamos nuestro corazón. Incluso hablábamos de casarnos. Tan seguros estábamos de lo que sentíamos que lo que más queríamos era estar juntos para siempre.

Así, entre mieles, transcurrió casi un año. Sin embargo, de pronto las cosas empezaron a cambiar y ya no nos veíamos tanto. Emerson estudiaba y trabajaba como burro. Tenía un restaurantito que necesitaba su atención. Había descuidado mucho las clases y su negocio y tenía que ponerse las pilas antes de que ambas cosas tronaran. Yo, como es obvio, empecé a resentir su ausencia y a reclamarlo por más tiempo, a lo que me contestaba: "Tú también estás muy ocupada, pasas todo el tiempo en la estación de televisión con tu amigo Mario". Ésas fueron las primeras peleas, después surgieron otras y poco a poco se hicieron más fuertes, hasta que en diciembre decidí terminar la relación y le dije que no me buscara más. Él acató la decisión en forma literal y no volvió a buscarme.

Luego me arrepentí, así que traté de arreglar las cosas y lo llamé, pero no me respondió. Me sentía tan deprimida que no quería estudiar ni comer. Mamá estaba muy preocupada por mí, me daba mil consejos y trataba de hacerme comer, pero yo sólo quería llorar. Comprendí el dolor que siente un padre cuando ve padecer a sus hijos, porque mi madre lloraba al verme sufrir. Pero no sólo mi madre sufría. Un día, decidida a todo, fui a buscar a Emerson al restaurante.

Vaya sorpresa que me llevé: encontré a su mamá. Al verme, comenzó a llorar. Le asombró ver lo flaquita que estaba, me dijo que me quería mucho y que lamentaba lo sucedido entre su hijo y yo. Me abrazó y volvió a llorar. Verme con 20 libras menos le causó mucha lástima. Le dije que no se preocupara, que todo se arreglaría y que necesitaba hablar con su hijo. Me contó que estaba a cargo del local porque Emerson se había marchado a Barcelona. Sus padres eran divorciados; su papá se casó con una catalana y desde algunos años vivía en España. Emerson tenía mucho tiempo de no ver a su padre y aceptó su invitación para estar un mes con él. Por eso no contestaba mis llamadas, o al menos eso pensé.

Por desgracia, no fue así. Estaba ansiosa por volver a clases porque sabía que él tendría que regresar y allí lo vería. Los días pasaron; lo buscaba y nunca lograba verlo, hasta que por fin el destino nos unió en la cafetería. Él se sorprendió muchísimo al ver lo flaca que lucía. Esas pompas que tanto le habían gustado estaban a punto de desaparecer. Al verlo, fui a abrazarlo con todo el amor que había guardado para él. Pero, con la frialdad más cruel que he sentido me quitó los brazos de su espalda y me alejó de su lado. Dijo que había pensado las cosas y que se sentía muy bien así, que sin alguna relación y que por favor respetara su decisión. Me cayó como un balde de agua fría. Estaba matando mi amor y toda la ilusión con la que lo esperaba. No pude responder. Con lágrimas en los ojos, simplemente lo dejé.

Nuestra relación no podía terminar así. Después de un tiempo nos encontramos y hablamos. Nuestro amor era tan grande que no podíamos estar separados... pero tampoco juntos. La inmadurez de ambos no nos permitía ver más allá y nos hacía egoístas. Así, poco a poco, nuestra relación se volvió liberal. Podría decirse que éramos novios, pero ni él ni yo sentíamos el compromiso que algún día sentimos. Salíamos cada quien por su lado, hacíamos las cosas que queríamos, etc. Éramos novios, pero nunca más volvió ese brillo que una vez existió en nuestras miradas.

Así pasaron cuatro años entre separaciones y reconciliaciones. Nunca entendí cómo un amor tan grande pudo apagarse así. Lo peor fue que viví esa situación por partida doble.

En esa misma época mis padres atravesaban momentos difíciles en su matrimonio. Peleaban todo el tiempo, mi padre llegaba tarde a casa y mi mamá lloraba sin cesar. En fin, la casa no era el lugar más apropiado para sanar el dolor de mi corazón; mi vida estaba tan inestable que no sabía a dónde dirigirme, tenía ganas de salir corriendo e irme a donde no conociera a nadie. No quería ver tantos problemas, tanto dolor, pues con los míos era suficiente: cursaba el último semestre de la carrera a punto de graduarme, el hombre que amaba no quería estar conmigo, mis padres a punto del divorcio y mis hermanos necesitados de ayuda. Para colmo, mi visa estaba a punto de vencerse. ¡Era para volverse loca! Bien dicen que las cosas malas se vienen todas de un jalón. En mi caso, así fue.

Tras meditarlo mucho, mis padres decidieron divorciarse. Un día nos juntaron a mis hermanos y a mí y nos comunicaron su decisión. Mi padre se iría de la casa y nosotros nos quedaríamos con mi madre.

Ese día marcó mi vida para siempre. Mil preguntas me vinieron a la mente: ¿cómo sucedió esto?, ¿en qué momento, si mis padres se adoraban?, y ahora ¿qué vamos a hacer?, ¿cómo vamos a vivir?... Pensaba también si papá aún nos mantendría y quién me daría los consejos que él me daba. Y mamá, ¿cómo lo tomaría?, ¿cómo sería la casa ahora? Con el tiempo, esas interrogantes se respondieron solas. No obstante, nunca he encontrado respuestas a la preguntas que me hice un día: ¿cómo se puede apagar un amor tan grande?, ¿en qué momento desaparece la magia?

Esos días de transición fueron muy duros. Mi madre pasaba por una profunda depresión y lloraba todo el tiempo. Era horrible ver que papá iba poco a poco a recoger sus cosas. La casa se quedaba vacía; no sólo sin los objetos de mi padre: sin amor, sin calor, sin comprensión, sin la tranquilidad que se encuentra en un hogar. Pero, por sobre todo, se quedaba sin paz.

Por ser la mayor, sentía sobre la espalda una gran responsabilidad: tenía que rescatar a mi familia. Mi hermano tenía 17 años y mi hermana 11. Necesitaban más que nunca atención, cariño y consejos. Mi madre no podía dárselos pues ella los necesitaba también. La única disponible era yo, así que decidí tragarme mi dolor y enfrentar la situación. Muchas noches lloré encerrada en mi cuarto por el dolor que me callaba de día. No podía permitir que me vieran débil, tenía que ser fuerte. En ese momento era el pilar de mi familia. Todas las noches pedía a Dios que me diera la sabiduría necesaria para ser una buen guía, y le pedía fortaleza, paciencia y comprensión para entender el dolor de mi madre y de mis hermanos.

A veces sentía que no podía más, que la cabeza me iba a estallar con tantas presiones. Ahora, más que nunca, debía terminar mis estudios y conseguir que Univisión me extendiera el permiso para permanecer en Estados Unidos. No sólo sentía la presión externa de ser el pilar emocional de la familia, también sentía la interna de ser el sostén económico.

Así pasaron meses y, poco a poco, sanaban mis heridas. Seguía enfocada en la escuela y el trabajo, mientras, servía de ejemplo para mis hermanos. El dolor de mi madre se calmaba al saber que su hija pronto se graduaría de la universidad. Mi dolor por no estar con Emerson cada vez se hacía más suave, pero no podía entender cómo en un momento así no contaba con su apoyo. Me sentí muy decepcionada.

No obstante, un día decidí que no sufriría más. Ni ese hombre ni los problemas gobernarían mi vida. Yo era más importante. ¿Por qué iba a permitir que un hombre y la ausencia de mi padre fueran causantes de mi falta de apetito y de ganas de vivir? ¡Hasta mi trabajo había perdido esa magia! En esos momentos es preciso pensar que nada ni nadie vale más que nosotros. Primero debemos amarnos nosotros para que los demás nos amen, me repetía una y otra vez, pero ¿cómo iba a superar esa etapa?, ¿encerrada, sin salir y descuidándome? ¡Al contrario! Ése era justo el momento de ponerme más linda, de estar en forma, de sentirme sana, de comprarme ropa bonita, de cambiar mi *look*... Era la oportunidad de renacer y de aprovechar esa lección que la vida acababa de darme. La existencia no terminaba allí; al contrario, apenas comenzaba. Ya no sería la misma persona.

¡Ahora sería más fuerte y más inteligente!

Me dediqué en cuerpo y alma a la escuela y al trabajo, y decidí enfocar mis energías y sentimientos hacia un sueño: tener mi programa en Miami, departamento en la playa y un Mercedes blanco. Con pasión hice todo lo necesario para encaminarme hacia mi meta. Estudiaba tanto que logré estar entre los mejores estudiantes de la generación. Estaba tan encantada con mi trabajo que cada vez inventaba nuevas formas de escribir y editar. Mi familia era mi inspiración, quería que se sintiera orgullosa de mí. Quería ser ejemplo de que todo se puede.

La única preocupación era mi visa. Tenía que convencer a Univisión de que me tramitara un permiso de trabajo. De nada serviría graduarme y ser buena en mi empleo si muy pronto no podría hacerlo más. La única forma de convencerlos era con mi desempeño; ser la mejor, tenía que encontrar la manera de que mi trabajo se volviera indispensable y, sobre todo, reconocido.

Empecé a buscar las mejores historias y las escribía con la intención de ser la competencia de Jorge Ramos. Me volví más exigente en mis entrevistas, mientras Mario se inspiraba para hacer los mejores tiros de cámara. En el proceso de edición los dos aportábamos ideas para que el resultado superara nuestras expectativas. Tengo que admitir que no daba el 100 por ciento... ¡sino el 200 por ciento!

Así es la vida en general: para triunfar no sólo debemos dar lo mejor de nosotros sino dar todo y... ¡hacerlo con el corazón! De esta manera, tarde o temprano serás reconocido.

Destino: Miami

Después de tantos problemas, o mejor digamos retos, porque eso son, logré graduarme en la universidad y ser reconocida como uno de los mejores alumnos de mi carrera. Mi trabajo era excelente, mi familia había logrado cierta estabilidad y mi relación con Emerson seguía igual: amigos con derechos. Sólo me atormentaba mi visa; ya había hablado con María López y le había contado mi situación: me quedaban sólo unos meses para resolverla o debía volver a mi país, cosa que no pretendía.

María me dijo que la compañía no patrocinaba visas, pero que de todas formas hablaría con los ejecutivos para ver si podían ayudarme. Lo único que tenía a mi favor era a mi amigo Mario, quien había logrado su sueño de irse a vivir a Miami. En aquel entonces María comenzaba con el programa *El Gordo y la Flaca*, y había contratado a Mario como camarógrafo oficial en Miami.

Como productora ejecutiva de un proyecto nuevo María se mantenía bastante ocupada. Cada vez que le llamaba para preguntarle qué había pasado con mi visa, no la encontraba. Me daba vergüenza molestarla tanto, pero no quería rendirme. En ocasiones llamaba a Mario para pedirle que me avisara cuando María estuviera en su oficina para atraparla. Él, por supuesto, fue mi cómplice; cada vez que podía, me decía: "¡Llámale ahora!" Fui tan persistente o, mejor dicho, tan terca, que un día mis rezos diarios a San Judas fueron escuchados.

Cada noche, sin importar la hora, le pedía a San Juditas que me ayudara con el problema de mi visa. Mi abuelita Andrea me había regalado un plato viejo y roto que encontró en su tejado y que tenía la imagen de mi santo favorito. Me dijo que a ella no le había cumplido nada, pero que a lo mejor a mí sí. Mi abuelita me dejó un poco pensativa y a la vez incrédula: si una persona tan religiosa como ella había sido ignorada, ¿por qué sería escuchada yo? Ella iba todos los días a misa, rezaba el rosario y ayudaba a los más necesitados... Sin embargo, me quedé con el plato, lo pegué con resistol y le pedí todas las noches lo mismo, ¡hasta que lo harté y me cumplió!

Un día recibí una llamada de María. Estaba tan ansiosa de que me dijera que por fin me tramitarían mi visa y de esa forma seguir con mi trabajo con *Primer Impacto*, que no me percaté de lo que en realidad me dijo. Me propuso irme a Miami como reportera de *El Gordo y la Flaca*, y que la compañía tramitaría la visa. Mi sueño tomaba forma y en muy poco tiempo estaría en Miami, en mi departamento en la playa, y un Mercedes blanco...

Después de algunos meses de espera, mi visa llegó

y comenzaron los preparativos para la mudanza. Mi mami estaba tan orgullosa de que su hija se fuera a Miami a trabajar en la televisión que olvidó sus problemas. Aunque los encuentros con papá eran cada día menos frecuentes, él también estaba contento de que por fin estuviera donde siempre soñé. Ni se diga de mis hermanos, quienes no dejaban de hacer planes para visitarme en mi nueva casa.

Todo estaba listo y sólo faltaban unos cuantos días para mi viaje. Era tanta mi emoción por emprender un nuevo camino que hasta había olvidado a Emerson. Una mañana me llamó para decirme que quería hablar conmigo; era obvio que ya se había enterado de que pronto me marcharía de la ciudad. Imaginé que deseaba despedirse y dejar las cosas en paz para continuar con una linda amistad.

Nos vimos en nuestro restaurante favorito, Applebee's. Iba más tranquila que nunca y, por primera vez, sin esperar nada a cambio. Me sentía muy orgullosa de mí misma y esa seguridad me hacía sentir que no necesitaba ni de él ni de nadie. Al parecer, Emerson también lo sintió así. Comenzó diciendo que había pensado mucho en mi partida y que en verdad le dolía mucho, que cayó en la cuenta del gran amor que sentía por mí y de la gran mujer que era yo. Y no quería que quedáramos sólo como amigos, sino luchar por nuestro amor sin importar el tiempo ni la distancia, necesitaba una oportunidad para demostrarme que nuestro amor era más grande que nada. Al parecer, ver tan cerca el momento de mi partida lo obligó a recapacitar en todas las cosas bonitas que pudo tener y nunca aprovechó. Lo amaba más que a nadie y luché hasta el cansancio para que nuestro amor no se apagara. Pero así son las ironías de la vida: ahora era él deseaba luchar.

Para mí ya era tarde. Además, tenía otras cosas en mente, nuevas prioridades y nuevas metas en la vida, y quería concentrarme para realizar todas esas cosas que siempre soñé. Un novio a distancia, lejos de ayudarme, perjudicaría mis planes. Le dije que sólo el tiempo lo decidiría y le pedí que dejáramos las cosas así para que cada uno empezara una nueva vida.

Pero no se dio por vencido. Un día antes de mi partida organizó tremendo reventón para despedirme e invitó a nuestros amigos. Fue un gran detalle de su parte, en especial porque me di cuenta de todos los amigos que tenía. Sentí tristeza por dejar atrás a tanta gente; cada una de sus caras representaba un recuerdo, una experiencia vivida. Emerson le pidió a cada uno que me dedicara unas palabras. Fue muy especial disfrutar del cariño de tantos amigos y sentí en lo más profundo de mi corazón sus buenos deseos. Después de tan emotivas palabras, todos brindamos con un buen tequila y nos dijimos hasta pronto.

El día tan esperado llegó y mi familia me llevó al aeropuerto. Emerson también fue a despedirse. Mi corazón estaba lleno de sentimientos encontrados; por un lado, sentía la emoción del nuevo trabajo, una nueva ciudad, nuevos amigos, etc.; por otro, me dolía dejar mi ciudad, a mi familia, a mis amigos y a mi niño de los ojitos lindos. Aunque sabía que no funcionaba, mi amor por él seguía vivo muy dentro de mí.

Con un abrazo, besos y lágrimas en los ojos me despedí de mi familia. Emerson me tomó entre sus brazos y, con los ojitos llenos de agua, me dijo: "Te amo, te deseo lo mejor". Con el beso más tierno, lo dejé atrás.

Subí al avión con los ojos convertidos en un mar de lágrimas. Ese momento era muy parecido a uno vivido años atrás; pero ahora no tenía a mi padre ni a mi madre para que me abrazaran y me dijeran que todo estaría bien. Por primera vez en la vida me sentí sola y en mi mente sólo tenía la imagen de mis seres queridos, quienes me decían adiós.

"Pasajeros, bienvenidos a la Ciudad del Sol, Miami. Son las 5:30 de la tarde con una temperatura de 85 grados y cielo despejado. Si está de visita, feliz estancia. Si está de regreso, bienvenido a casa". Con las palabras de aquella sobrecargo dio inicio mi nueva vida de estrella.

Por fin estaba en la ciudad de mis sueños, sin un centavo en la bolsa pero con muchas ganas de triunfar. No tenía departamento, auto para movilizarme ni nada, pero contaba con mi gran amigo Mario. Él estaba allí, detrás de las puertas de cristal del aeropuerto, esperándome. Me hospedaría unos días en su departamento, ubicado a unas cuadras de Univisión, mientras conseguía alojamiento. Era ideal para mí pues además de no conocer la ciudad no tenía auto. ¡Y en un lugar como Miami sin auto no haces nada!

En mi primer día de trabajo me levanté súper contenta, llena de ilusiones me metí a bañar, me puse mi ropita más linda, un poco de maquillaje y salí dispuesta a conquistar al mundo. Sobre todo, a probarle a Univisión y a María López que habían hecho lo correcto al contratarme. Más que nunca tenía que echarle todas las ganas a mi trabajo. A cambio recibiría cuarenta mil dólares al año. ¡Para mí, un dineral!

Llegué a Univisión. Me llevaron al departamento de recursos humanos a sacar mi primera identificación de prensa, la cual, además de acreditarme como reportera, me daría el acceso a todas las puertas del edificio de la televisora latina más importante en Estados Unidos. Así, con credencial en mano, me llevaron a mi primer recorrido por las instalaciones y a conocer los diferentes departamentos: relaciones públicas, ventas, eventos especiales, programación, etc. Me pasearon frente a las oficinas de los altos ejecutivos, conocí los lugares desde donde se controlan y dirigen los programas y los famosos estudios de grabación. No podía creerlo: recorría los pasillos por donde todos los días caminaban las estrellas con las que había soñado trabajar.

Me llevaron al *set* del noticiario Univisión y cuál fue mi sorpresa: allí estaba escribiendo en su computadora el gran Jorge Ramos. Estaba frente a una de las personas que más me impresionaban. Para mí, Jorge Ramos era una gran fuente de inspiración por su carrera, sus libros, su credibilidad y su especial manera de dar las noticias. Tal vez ni se acuerde, pero el día que me lo presentaron y me dio la mano con mucha sencillez marcó mi vida. Allí me di cuenta de que, a partir de ese momento, mi existencia cambiaría. Esas personalidades de televisión que tanto admiraba se convertirían en mis compañeros de trabajo.

Como no tenía auto, por lo general me iba con mi amigo; cuando él tenía otra cosa por hacer, caminaba. Algunas veces llegaba sudada y con el cabello encrespado por tanta humedad, pero disfrutaba incluso de eso. Me sentía tan llena de ilusiones que a todo le encontraba el lado bueno. En ocasiones no me salían bien las cosas o simplemente no las conocía. Ni siquiera sabía cómo funcionaban algunos de los aparatos. En la universidad había aprendido en máquinas de edición del año de la canica y ahora estaba frente a lo más nuevo. Entonces, recordaba aquel consejo que dice "nunca digas no sé" y fingía que sabía, aunque procuraba que así fuera. En mis ratos libres le pedía a Mario que me enseñara cómo funcionaban todos estos aparatos y él era el profesor perfecto, porque siempre ha sido un *geek* de las computadoras y experto en tecnología. Incluso hubo ocasiones en que le pedí que llegáramos más temprano, cuando no hubiera nadie, para que me enseñara a trabajar en los programas de computación y con las máquinas de edición. Así, poco a poco, entendí y me adapté a mi nuevo trabajo, el cual implicaba buscar la historia, producirla, armarla, escribirla y editarla. Mucha gente piensa que el reportero sólo sale en cámara y ya, lo que nadie se imagina es que detrás de unos minutos al aire hay largas horas de trabajo.

Lo que más disfrutaba era escribir; desde pequeñita fue una de mis pasiones. Nadie sabe, pero cuando era niña escribía novelas y cuentos en unos libritos que yo misma fabricaba. Cortaba una hoja de papel en cuatro partes iguales y luego las engrapaba para formar un folleto. Cada uno contaba una historia diferente, y en la portada le hacía un dibujito que representara el título de cada libro. En el fondo, lo único que hacía era practicar para escribir este texto que ahora está en tus manos, con la gran diferencia de que en esta historia no hay nada imaginado sino la realidad, que a veces puede ser más fantástica que cualquier cuento.

Pero volvamos a mi nueva aventura en Miami. Lo que menos me gustaba de mi trabajo era entrevistar a un artista y preguntarle de sus cosas privadas. No deseaba meterme en la vida de los demás, pero por desgracia si quería estar en un programa de chismes, eso tenía que hacer. Nunca me gustó tener que seguir a Alejandra Guzmán a la Corte a firmar sus papeles de divorcio y preguntarle: "¿Cómo te sientes?", cuando todos imaginamos lo doloroso y desgastante que debe ser pasar por un proceso de separación; o preguntarle a Sofía Vergara por alguno de sus tantos galanes.

Tener que contar las historias dolorosas de los famosos nunca fue de mi agrado. El reto más grande fue viajar a Brasil a cubrir el arresto de Gloria Trevi y Sergio Andrade. Fue difícil en muchos sentidos, en especial porque Mario, mi camarógrafo, editor y amigo, y yo fuimos los únicos enviados por Univisión para cubrir la historia. Los ojos de la empresa estaban puestos en nosotros y teníamos que buscar entrevistas y diseñar estrategias para tener acceso a la cárcel. Tenía que escribir lo más rápido posible y Mario editar como loco para después correr a la estación de televisión más importante de Río de Janeiro, antes de las tres de la tarde, para mandar los reportajes vía satélite. Eso sin contar con la barrera del idioma, que no nos permitía pedir instrucciones e información adicional.

Recuerdo el día en que fuimos a buscar algún tiro de cámara que mostrara el lugar donde se encontraba

Gloria Trevi. Como no nos permitían entrar a la prisión, tuvimos que ingeniarnos la manera de mostrar las primeras imágenes de las paredes que encerraban a la mujer más buscada en México. Para lograrlo, buscamos un punto alto desde donde pudiera verse la parte trasera de la cárcel. El único lugar era uno de los más temidos por la gente y hasta por las autoridades: las favelas, el área donde se realizan las transacciones de droga más importantes de la ciudad y reconocidas por su alto grado de violencia, que incluso ha servido de inspiración para varias películas. Para llegar tuvimos que pasar por carreteras sin pavimentar, casas de lámina y cartón y sentirnos observados por gente que podría pegarnos un tiro en cualquier momento.

Cómo olvidar ese lugar donde ni la policía se atreve a entrar. Mario, el valiente chofer brasileño y yo estábamos muy nerviosos cuando, como enviado del cielo, llegó un muchacho. Nos preguntó qué hacíamos allí, dijo que nos fuéramos porque ese lugar no era para nosotros. El chofer le explicó quiénes éramos y qué intentábamos hacer. En ese momento pensé que no saldríamos vivos de allí. Empecé a rezarle a Dios, a la Virgen y a todos los santos que se me vinieran a la mente para salir ilesos. Una vez más mis rezos fueron escuchados. El muchacho aseguró que conocía el lugar perfecto para lo que buscábamos. Por un dinerito, estaba dispuesto a llevarnos a ese sitio y a utilizar sus influencias para protegernos de cualquiera que quisiera hacernos daño en las favelas. Aquel hombre debió ser uno de los vendedores de droga más importantes del lugar, pues nadie se atrevió ni a mirarnos.

Caminamos en medio de ese peligro y logramos subir hasta un punto que nos permitió captar las primeras imágenes que mostraron a todo el mundo las condiciones en las que en aquel momento vivía quien fue considerada una diva del pop. A lo lejos podía apreciarse una cárcel destruida, con ventanas que dejaban ver brazos de mujeres que nos señalaban, hasta podíamos escuchar los gritos desesperados de muchas de ellas.

No podía creer lo que estaba a mis espaldas y sobre todo, lo que había hecho para llegar allí: poner en peligro la vida por mi trabajo. Por primera vez entendí la pasión de un periodista por cubrir la noticia y comprendí cuántas guerras, ataques terroristas, manifestaciones y desastres naturales han puesto en peligro la integridad física de tantos colegas.

En cuanto pudimos salimos de ese sitio lleno de contrastes y riesgos.En el auto, mientras yo escribía Mario revisaba las imágenes para después grabar mi voz y editar el reportaje. En mi interior había una mezcla de sentimientos: contenta por haber conseguido las primeras imágenes de la cárcel y, al mismo tiempo, nerviosa por lo que habíamos hecho. Fue un milagro salir vivos de aquel lugar, pero ni la Virgen ni todos los santos a quienes me encomendé pudieron salvarme del regaño de la temible María López...

Salimos de aquel lugar como almas que lleva el diablo, con destino al canal de televisión Globo para mandar por satélite lo que habíamos grabado. Había un tránsito espantoso por las calles de Río y yo rezaba para que llegáramos a tiempo. Para mi desgracia, no fue así. Al llegar, me informaron que mi ventana se había cerrado. De inmediato me puse en comunicación con la producción de Miami para ver qué podía hacerse y me informaron que me abrirían otro espacio. Me sentí feliz de saber que el esfuerzo había valido la pena. Mario tomó el teléfono para afinar los detalles técnicos del envío y de pronto me dijo que María deseaba hablar conmigo. En ese momento empezaron a temblarme las piernas pues supuse lo que venía. Desde el momento en que tomé el auricular, escuché una enfurecida voz: "¿Quién crees que eres para hacerme perder una ventana de satélite? ¿Tienes idea de lo que cuesta?"

No supe qué decir; de alguna manera traté de explicar que había salido tarde de aquel lugar tan peligroso y que el tránsito no me había permitido llegar a tiempo. Lo único que dije fue: "Hice lo que pude, pero hay cosas fuera de mi control". En apariencia María no escuchó y sólo se limitó a decir: "¡Espero que no vuelva a suceder!"

Era la primera vez que alguien de mi trabajo me hablaba así. Me sentí fracasada, inútil. Había defraudado a quienes pusieron su confianza en mí: María y Univisión. Me aguanté las lágrimas para aparentar que todo estaba bien, pero al llegar al hotel estallé en llanto, porque sentía mucha culpa. Mario trató de hacerme sentir mejor y me dijo que esas cosas pasaban y que de los errores se aprende.

Aunque pensé que había hecho lo mejor posible, dentro de mí supe que hubo un error. No hay cosa peor que la conciencia nos diga que fallamos. María tuvo razón: sin excusas, tenía que cumplir con el trabajo en un tiempo límite. Esa situación me hizo recordar las cátedras de la maestra más temida de la UTEP, la doctora Byrd. "You must always meet your deadline", es decir, "Deberás entregar siempre el trabajo a tiempo".

Ella nos explicaba que en la televisión no existían las excusas; en un programa en vivo si la embarraste, la embarraste, porque eso no tiene vuelta de hoja. Lo mismo debería aplicarse en cualquier situación de la vida, porque no podemos vivir pensando que mañana tendremos otra oportunidad. La vida es como la televisión: si no lo hiciste hoy, ya no lo hiciste, porque esa oportunidad está perdida. Había arriesgado mi vida, mantuve la calma en circunstancias adversas, conseguí unas imágenes que darían mucho de qué hablar, ¡pero no llegué a tiempo y eso tiene su costo! Aprendí que el 100 por ciento no es suficiente si quieres destacar. Muchos cumplen con los *deadlines,* pero muy pocos los sobrepasan.

Después de mucho llorar, entendí que no todo puede salir bien. Siempre nos han dicho que a veces las cosas no salen como queremos; esas situaciones son las que forjan nuestro carácter y estoy convencida de ello. Gracias a lo que nos sale mal en verdad aprendemos. Esa sería la primera y la última vez que perdería una ventana de satélite.

Al día siguiente, el papá de Gloria Trevi llegaba a la ciudad para ver a su hija. La prensa de todo el mundo estaba en el aeropuerto y esperaba para acorralarlo con sus preguntas. En la puerta de llegadas internacionales podía apreciarse a un hombre cabizbajo y con los ojos llenos de tristeza, perseguido por el dolor de ser el padre de una mujer acusada de abuso infantil, que se preguntaba qué hacer al verse atacado por cientos de periodistas que le cuestionaban el comportamiento de su hija. En un momento aproveché y, sin cámara ni micrófono en mano, le pedí una entrevista en forma muy cordial. Pensé que me mandaría por un tubo. Para mi sorpresa, aceptó. Creo que lo hizo porque fui la única persona por la cual no se sintió atacado.

Después de ese día empezó mi verdadero trabajo periodístico. En esa historia había muchas otras que empezaban a despertar la atención de la audiencia y una de ellas era el paradero de las hermanas De la Cuesta, integrantes del que llamaban Clan Trevi. Nadie sabía dónde encontrarlas; muchos creían que habían abandonado el país, otros pensaban que las tenían escondidas. Mientras abundaban las especulaciones, varios periodistas pasaban horas frente al departamento donde se suponía que vivían, y esperando verlas salir.

Un día, cuando no había ningún otro reportero, logramos entrar al edificio. Me sentía como en una película de suspenso. Pudimos llegar hasta el departamento y tocamos la puerta, pero nadie contestó. Adentro se escuchaba que alguien susurraba; entonces, volví a tocar pero no respondieron. Escuché que alguien decía "shhh", como para pedir que no hicieran ruido. De repente, se escuchó un sonido parecido al llanto de un niño. Frente a mí, pero detrás de una puerta, estaba la noticia más importante: No sólo Gloria Trevi había tenido un hijo con Sergio Andrade. Una de las hermanas De la Cuesta, también. Como pudimos, grabamos los sonidos que de allí provenían. De alguna manera teníamos que probar lo que habíamos escuchado.

Una vez más salimos de allí como alma que lleva el diablo. De inmediato me puse en contacto con mis productores para contarles lo sucedido y ellos me pidieron un reportaje lo más pronto posible. Nadie más tenía los sonidos que nosotros acabábamos de grabar. En ese momento hice uso de todas las técnicas que aprendí en mis clases de periodismo en la universidad. "Para algo se estudia", pensé. El reportaje se hizo más rápido que una hamburguesa de McDonald's y lo enviamos más pronto que Pizza Hut. ¡Calientito y en menos de 30 minutos! Jamás imaginamos lo que ese reportaje desataría...

Al día siguiente me llamó mi mamá y me dijo que mi reportaje había salido por todas partes, incluso en el noticiario de Jacobo Zabludovski, el más visto e influyente en México en aquel entonces. El esfuerzo de tantos días en Brasil había dado frutos. Mi trabajo fue visto por millones de personas en el mundo, y la satisfacción de haber sobrepasado las expectativas de mi compañía me gustó. Desde ese momento decidí que siempre buscaría vivir esa sensación satisfactoria en cada proyecto de mi vida.

Al llegar a Miami, en la reunión de producción que teníamos diario y frente a todos, María López nos felicitó por el trabajo realizado y ni siquiera mencionó el incidente de la ventana de satélite perdida. Ahora entiendo que haberle fallado provocó en mí una gran sensación de responsabilidad y deseo de probar que yo estaba allí por algo; sin ese incidente, tal vez yo no hubiera dado lo mejor de mí.

Los días pasaron y Mario y yo andábamos juntos para todos lados. Le había pedido que me diera hospedaje en su casa mientras juntaba un dinerito para pagar el depósito y rentar un departamento. Le dije que serían unos días, pero esos días se convirtieron en un poco más de un mes. Imagínense, para un hombre soltero en Miami mi estancia representaba un gran problema a la hora de ligar. Aunque él nunca hizo que me sintiera mal, supe que mi presencia en algún momento afectaría sus relaciones. Él salía con una chica que no entendía el hecho de que yo viviera allí y tenía razón. ¿Quién soporta que su pareja tenga a una mujer metida en su departamento durante más de un mes? ¡Yo, no!

Emerson tampoco entendía esa situación. Me hablaba casi todos los días. De cierta forma sentía celos. Para Mario y para mí era chistosísimo que la gente pensara que entre él y yo pudiera haber algo. A él le gustaban las rubias y a mí los morenos, así que para ninguno de los dos representaba una tentación nuestro físico. Éramos lo opuesto a lo que ambos buscábamos en una pareja, pero en una sociedad como ésta nuestra amistad era inaceptable.

No logro comprender cómo podemos vivir con tantos complejos. ¿Por qué uno no puede tener como mejor amigo a alguien del sexo opuesto? ¿Por qué siempre pensamos que uno debe tener un interés especial por el otro? Suponemos que el hombre que tiene una amiga es porque quiere algo con ella; si no, es gay. Y la mujer que tiene un amigo es porque quiere algo con él; si no, es una interesada. Nunca entendí, sobre todo porque desde niña siempre tuve una relación muy especial con mis amigos del sexo opuesto.

En fin, entre chismes y habladurías pasé mi primer mes como invitada en el departamento de mi amigo. Para no sentirme tan mal y ayudarle, le limpiaba el depa, le cocinaba y le organizaba sus cosas. Era lo menos que podía hacer para agradecer su ayuda; después de todo, era la única persona con quien contaba.

Todo bajo control

Mi vida comenzó a cambiar. Había logrado juntar cuatro quincenas y con eso sería suficiente para rentar mi departamento, así que le pedí a Mario, mi chofer oficial, que me llevara a buscar dónde vivir. Busqué por los alrededores de Univisión. Aunque ninguno era lo que había soñado, encontré lo más adecuado a mis necesidades y presupuesto. Eso sería pasajero y algún día tendría mi departamento en la playa. Andar detrás de los artistas también lo sería.

Llevaba cinco meses de trabajar para *El Gordo y la Flaca* y un día, mientras caminaba por los pasillos de Univisión, me encontré con José Pérez, uno de los productores y creadores del programa *Control*.

Desde que vivía en El Paso a mis amigas y a mí nos encantaba ver *Control*. Recuerdo que una ocasión habíamos hecho una fiesta de pijamas y en la mañana, mientras veíamos el programa, a mí se me ocurrió decirles: "Algún día estaré en el lugar de Leslie". Pensaba en lo divertido que sería tener un programa así, hecho por jóvenes para jóvenes, donde tuviera la oportunidad de viajar, hacer deportes extremos y vivir un montón de aventuras. Admiraba mucho a Leslie Ann Machado, la presentadora, me parecía una chica con un talento especial y, sobre todo, muy simpática.

Pero bien dicen: "Cuidado con lo que sale de tu boca, que puede hacerse realidad". José me saludó y me dijo que buscaban una nueva presentadora para *Control*. Estaban haciendo *castings* y me preguntó si me interesaba. Le respondí que por supuesto, pero que tenía que consultarlo con mi jefa, María López. Me dijo que él se encargaría de hacerlo. Al momento de despedirnos, me dijo: "Estamos en contacto".

Había escuchado de las audiciones que se hacían en diferentes ciudades de Estados Unidos y México para buscar a la nueva presentadora de *Control* y debo confesar que en algún momento me pasó por la cabeza probar suerte, sólo que pensaba que mis jefes no me lo permitirían.

Escribía un reportaje frente a mi computadora cuando sonó el teléfono. Era María López, quien me pidió que fuera a su oficina. Me dijo que ella y su jefa, la directora del departamento de noticias, Alina Falcón, querían hablar conmigo. Me puse muy nerviosa; de hecho, pensé que había hecho algo mal. Pero el que nada debe, nada teme. Con esa mentalidad acudí a su oficina. Allí estaban las dos mujeres más respetadas de toda la cadena Univisión a la espera de hablar conmigo.

Entré, las saludé con firmeza y, con una mirada de seguridad, como si nada hubiera pasado, me senté.

Ellas iniciaron diciéndome que estaban orgullosas de mí, de mi trabajo y de lo que había logrado en tan poco tiempo. Luego me informaron que José Pérez había hablado con ellas y que estaba interesado en hacerme un *casting*. Ellas me motivaron a realizar ese *casting,* porque dijeron que se trataba de una gran oportunidad para mí. Salí de aquella oficina con ganas de brincar. Ahora sólo estaba a un paso, o mejor dicho, a una audición de distancia, de convertirme en la próxima presentadora de *Control*, el programa que siempre había querido tener.

Los productores de *Control* se pusieron en contacto conmigo para informarme cuándo sería la audición. La prueba de fuego consistía en grabar un programa como si ya fuera a salir al aire. Me llevaron a un lugar donde se criaban caballos. Mi labor era entrevistar a un entrenador para después montarme en un equino. A nadie le confesé mi fobia, no por el animal, sino que sentía un miedo terrible a montarme en uno de estos preciosos animalitos. Eso, gracias a un aterrizaje forzoso sufrido cuando era niña. Tenía como diez años y con toda la familia estábamos en el rancho de un tío en Chihuahua. Ese día, mis primos y yo habíamos ido a montar a caballo; el mío era uno muy mansito, mansito hasta que escuchó el grito de alguien que lo puso como loco. Empezó a brincar y a correr como pedo de indio. No sabía qué hacer y lo único que se me ocurrió fue soltar las riendas. En ese momento supe lo que era volar como Supermán, sólo que yo aterricé con la panza. Por fortuna, del susto y de un buen sofocón no pasó.

Estaba frente a mi prueba de fuego: tenía que montarme en un caballo si en verdad quería tener mi propio show. Ese miedo sólo existía dentro de mí y algún día tenía que superarlo. Y la ocasión había llegado. Me hice la fuerte y enfrenté la situación como lo que soy, una mujer valiente con muchas sonrisas frente a las cámaras, aunque por dentro me muriera del susto. En el fondo sólo deseaba que esa grabación terminara.

Gracias a Dios y todos los santos terminó bien. Me fui de allí no sólo con la satisfacción de escuchar los buenos comentarios de los productores, sino también con la satisfacción de haber derrotado uno de mis miedos. Ahora sólo me quedaba esperar la decisión de los productores. ¿Sería la nueva cara de *Control*?

¡Sí, era yo! A los pocos días me avisaron que los altos ejecutivos de la compañía habían quedado muy contentos y que querían que fuera la nueva chica descontrolada de la televisión. Mis aventuras en *Control* comenzaron el primero de mayo de 2000. Así cumplí una más de mis metas: siempre dije que a los 24 años tendría mi propio programa, y así fue: diez días después de mi debut en *Control* celebré mi cumpleaños número 24.

Mi presentación oficial como presentadora fue en Premio Lo Nuestro 2000. Nunca había pisado una alfombra roja, lo más cerca que había estado fue cuando me regalaron boletos para un Premio Lo Nuestro al trabajar como corresponsal de *Primer Impacto* en 1997. Pasé por un lado de la alfombra y me sentí soñada, claro que nadie me "peló" pues era una más de los fans que se amontonan con libretita en mano para conseguir por lo menos un garabato de su artista favorito. Recuerdo que en ese momento entraba Sofía Vergara, tan despampanante como siempre. Llevaba un vestido negro con blanco que dejaba ver lo buenota que estaba; los hombres la desnudaban con la mirada, mientras las mujeres la volvían a vestir con la suya.

Siempre imaginaba lo que sería estar en el lugar de las famosas a su paso por una alfombra roja Pensaba lo que sería llegar en limosina, usar un vestido de diseñador, maquillaje y cabello perfecto, y estar rodeada por representantes y asistentes. Sin darme cuenta, como por arte de magia, ese día llegó. Sin embargo, no fue como lo imaginaba. No tenía dinero para comprar un vestido de diseñador y, como nadie me conocía, ninguno me prestaría uno; no tenía maquillista ni peluquero. ¿Cómo iba a pagarle a alguien si apenas tenía para pagar la renta?

Aunque cuando comencé a trabajar en *Control* me habían aumentado el salario a una suma que, para mí, estaba más que perfecta, sólo me alcanzaba para lo necesario. Y en vez de limosina, había llegado en mi viejo carrito azul, un Pontiac Sunfire que me había llegado directo desde El Paso. No obstante, mi primera caminata por la alfombra roja fue inolvidable. Llevaba una blusita *strapless* con lentejuelas y me había mandado a hacer una falda larga de satín del mismo tono. ¡Hasta parecía que lo había comprado así! Me puse un gel que hacía que mi cabello se viera mojado y el maquillaje resaltaba mis ojos con una sombra azul del mismo tono del vestido. Aunque éste no era de diseñador ni me había maquillado y peinado un profesional, me sentía espectacular.

Llegué dispuesta a conquistar a la prensa y, aunque nadie me conocía, no hice más que sonreír. ¡Una vez más mi sonrisa me salvó! Logré pasar por el nido de víboras que sólo esperan que uno caiga o aparezca con algo peor que el famoso vestido de lechuga que usó Aracely Arámbula en la primera edición de Premios Juventud.

Al fin de cuentas, no iba a permitir que nada ni nadie opacara ese instante tan mágico, porque sabía que a partir de ese momento pelearía por mi sueño con uñas y dientes.

A los 24 años una persona está llena de vida, de juventud, con grandes sueños e ilusiones, nada es imposible y se sientes capaz de conquistar el mundo. Si esa persona tiene el enfoque, no hay nada que no pueda lograr. Así fue cuando hacía *Control*: años de enfoque. Sabía que ése era el momento de enfocarme 100 por ciento en mi trabajo, de poner como prioridad mis sueños profesionales. No podía desperdiciar esa oportunidad. Era ahora o nunca.

Un nuevo despertar

Mi trabajo en *Control* no sólo consistía en salir a grabar, viajar, divertirme y hasta poner en riesgo mi vida. *Control* era una revista de televisión hecha, como dije, por jóvenes y para jóvenes. Hacíamos entrevistas con artistas, reportajes sobre deportes extremos, viajes a lugares únicos, segmentos de moda y música y buscábamos las historias con la gente más original. Como parte de mi trabajo estaban las labores de producción, buscaba historias, conseguía contactos y hacía lo que más disfrutaba: escribir. Disfrutaba mucho cuando armaba las historias y escribía lo que quería que la gente escuchara.

En esa época desarrollé un sentido muy especial para tomarle el pulso a la opinión de la gente. Así pude aprender a determinar con facilidad qué ocurría, qué gustaba y qué no y para dónde iban las cosas, sobre todo en el indescifrable y maravilloso mundo de los jóvenes. Este trabajo me permitía ver lo que vivían y soñaban los jóvenes de la comunidad hispana en un momento privilegiado de la historia, en el cual empezaba a hablarse del *boom* latino, que más tarde daría lugar al reconocimiento del poder hispano.

Era consciente de que esos jóvenes que conformaban mi audiencia eran los que empezaban a llamarse miembros de la Generación Ñ, y era seguro que ellos serían los futuros líderes hispanos de Estados Unidos. ¡Qué responsabilidad! Ante todo, me sentía orgullosa de tener un programa de jóvenes para jóvenes y de ser reconocida como la cara joven de Univisión en una época que cambió para siempre la historia de este país, donde las proyecciones demográficas se cumplieron y pasamos a convertirnos en la minoría más grande, con un poder adquisitivo que pronto se convirtió en el objetivo de grandes corporaciones y agencias de publicidad. Como inmigrante, como la típica joven que tiene un pie puesto en Estados Unidos y el otro en México, esta nueva coyuntura era muy especial.

Pero pasemos de las palabras a los hechos. Cuando no escribía en una oficina, estaba metida en un avión. Viajábamos tanto que la gente del aeropuerto ya me conocía. Los escasos ratos que tenía libres los usaba para ir a visitar a Emerson a Monterrey. Me imagino que a estas alturas se preguntarán qué pasó con mi Emerson. Les cuento que tuvo un problema con su visa y no podía entrar a Estados Unidos, así que la encargada de mantener la relación era yo. ¡Otra gran responsabilidad! Hasta que llegó el momento en que me cansé. Bien dicen que "amor de lejos es de pendejos" y creo que el dicho tiene algo de cierto, porque sólo a alguien muy bruto se le ocurre estar en una relación en la cual nunca ve a su pareja, anda solo para todos lados y, para colmo, cuando le preguntan si está soltero dice que no. Hubo un momento en el la gente hasta se burlaba de mí y decía que yo tenía un novio imaginario. Tenían razón, pues ¡nunca lo habían visto!

Un día, después de mucho meditar, lo llamé. Le dije que ya no podía más, le expliqué mis motivos para terminar la relación, le insistí que por todo ese amor que le tenía era que lo nuestro debía terminar y, por último, como cualquier protagonista de telenovela de *prime time*, le pedí que dejáramos todo en manos del destino. Él sólo me dijo: "Respeto tu decisión; nunca olvides que te amo". Digna respuesta del galán de turno de la misma telenovela, pero con mucho sentimiento y de todo corazón. Colgué el teléfono y no paré de llorar. Era lo mejor, pero no vería más al único amor de mi vida. Decidí que sólo lloraría esa ocasión y que, en adelante, me concentraría en mi trabajo. Sin distracción, estaba soltera, sin hijos, vivía sola y no rendía cuentas a nadie. Era el momento de empezar a vivir por mí.

Tenía que definir mis metas con claridad. ¿Dónde iba a estar? ¿Cuánto aprendería? No iba a perder más tiempo, la vida se nos va en un dos por tres y no deseaba que mis experiencias pasaran como una película y, peor que todo, sin saber si había un final feliz. Llega el momento de dar un nuevo paso y reconocer que, para cumplir nuestros sueños, necesitamos tiempo, paciencia, energía y ganas. Eso caracteriza a la juventud. Por eso es importante definir lo más pronto posible qué queremos hacer. Entre más jóvenes nos enfoquemos, más fácil y rápido cumpliremos nuestras metas. Cuando buscamos para un trabajo, lo primero que nos piden es experiencia. Desde un principio supe que justo eso era lo que *Control* me daría. No me haría millonaria ni famosa, iba a adquirir experiencia y eso era lo único que buscaba.

Mi época de aprendizaje empezó acompañada por un cheque mensual. Aunque la suma era poca comparada con lo que otros ganaban, estaba feliz de que me pagaran por aprender. Era suficiente para pagar la renta, mi carrito, gasolina, comida y, de vez en cuando, diversión. Aunque he sido muy organizada con mis gastos, no me conformaba, porque no pretendía pasar el resto de mi vida con mi salario anual de entonces. Ese Mercedes blanco y el apartamento en la playa aún estaban en la mira...

Estaba convencida de que mi talento valía más; eso, sumado a la experiencia adquirida, un día me llevaría a cobrar lo que quisiera. Es importante que nosotros le pongamos valor a nuestros talentos. Siempre aparecerá por el camino gente que quiera explotarnos, pero cuando valoramos y creemos en lo que hacemos, los demás también creerán y reconocerán con facilidad lo que valemos. Dios nos dio nuestros talentos para hacer dinero. El dinero no es malo: es la remuneración por nuestro esfuerzo y lo importante es no basar nuestra felicidad en él. Además, siempre hay que tener en mente que el dinero es sólo un medio para ayudar a los demás, porque sólo así alcanzamos el verdadero éxito. En resumen, alcanzamos el éxito cuando ayudamos a otros a triunfar. Todas estas reflexiones divagaban en mi cabeza para tratar de convencerme de que valía la pena lo que hacía.

El éxito también tiene otra cara y otro color, que algunos asocian con el verde. En este medio, como en muchos otros, estamos rodeados de envidia. Lo que mucha gente rumora y comenta sobre este medio es cierto, aunque a veces exagera un poco. Hay personas que sólo esperan que nos caigamos para subirse al barco, pero tampoco es preciso darle tanta importancia. Cuando nos concentramos en quienes quieren tumbarnos, perdemos el equilibrio y empezamos a tambalear; por eso, cuanto más intenten tumbarnos, más debemos aferrarnos al suelo.

Recuerdo cuántas veces me dijeron que para ser modelo necesitaba ser más alta, que para estar en televisión tenía que ser hija de alguien importante, etc. Ya en televisión, nunca han faltado los comentarios negativos. A mí muchos quisieron tumbarme, pero yo no les di ni el tiempo ni la oportunidad. Decidí que mi tiempo era tan importante que no podía desperdiciarlo en personas negativas y sabía que éstas tienen el poder que nosotros queramos darles, pero sólo me ocupaba de quien yo quería. Decidía quién entraba en mi corazón y quién no. Nadie tenía la capacidad ni el poder de entrar en mí si no lo permitía. Y claro, esa manada de especímenes de color verdoso no entraba en mi vida.

Así pasaron varios meses, enfocada en mi trabajo, en cosas que para mí valían la pena y sin hablar con Emerson. No fue fácil; cada vez que se me venía a la cabeza, cambiaba mis pensamientos por otra cosa. Incluso llegó un momento en que sentí que hasta podríamos ser amigos. Así lo creí hasta que surgió un viaje que pondría mi mundo patas pa arriba.

Resulta que una amiga planeaba sus vacaciones a Europa, donde tomaría un crucero por el Mediterráneo. Como su mamá trabajaba en una compañía de cruceros, le había conseguido un súper precio y eran tres camarotes: en uno estarían ella y su marido, en el otro, una pareja de amigos y, como le sobraba uno, la invitación fue para mí. En el momento dudé, porque no quería ir de mal quinto. ¡Qué aburrido y frustrante sería estar con dos recién casados y una recién dejada! La verdad, no se me antojó.

Sin embargo, después de analizarlo vi que la idea no era tan mala. Dos chicas solteras en un barco lleno de italianos y griegos sonaba muy tentador. Con esa imagen en mente, invité a una amiga. Ella, igual que yo, acababa de terminar con su novio, así que era el momento perfecto para las dos. Un clavo saca a otro clavo, ¿o no?, ¡y allí habría un montón de clavos! Por fortuna, ella aceptó.

La planeación del viaje fue un éxito. Casi todo estaba listo. Me sentía súper emocionada, pues mis vacaciones sólo eran a México para visitar a mi ex novio. Me urgía ver otro aeropuerto, pero al parecer me quedaría con las ganas...

Cuanto todo estaba listo, mi amiga me llamó para decirme que había tenido algunos inconvenientes y no podría ir. En ese momento pensé: "Hasta aquí me llevó el vapor del barco". Me quedaban dos opciones: subirme a un barco lleno de italianos y griegos para mí solita o cancelar. La decisión fue otra.

Mi amiga me dijo: "¿Por qué no invitas a tu ex en plan de amigos?" Mi respuesta inmediata fue un rotundo no, ¿a quién se le ocurre pensar en hacer un viaje tan romántico con su ex novio en plan de amigos? Pues, ¡a mí! Terminé por invitar a Emerson al viaje. Un día le hablé y le comenté los planes. Utilicé la excusa más tonta: era una buena oportunidad porque nos saldría súper barato y no podíamos desaprovechar esa oferta. Cabe mencionar que al invitarlo su primera pregunta fue: "¿Y en qué plan vamos?" A lo que respondí: "Como amigos". Él se rió.

Para Emerson el viaje era perfecto porque volaría de México a Roma y nosotros lo alcanzaríamos allá, ya que el asunto de su visa a Estados Unidos seguía sin resolverse. El día del viaje llegó y todos encantados subimos al avión. El vuelo sería pesado, prácticamente era un *tour* por el mundo en dos días: volaríamos Miami-Nueva York-Dublín-Roma, en donde estaríamos tres días para después tomar el crucero. Tuvimos mala suerte y las conexiones eran tan seguidas que algunas de nuestras maletas se perdieron. Llegamos a Roma sin parte del equipaje, pero lo peor sucedió cuando llegamos al hotel. Vestida con un trajecito deportivo y cabellos de bruja, pero muy segura, hice mi entrada triunfal. Por mi actitud, María Félix o Elsa Aguirre no tenían nada que envidiarme; parecía una de esas mujeronas de la época de oro del cine, ¡pero con el vestuario y el peinado equivocados!

El hotel era espectacular. Todo era perfecto para el reencuentro con mi ex, excepto mi vestimenta, pero eso ya no tenía remedio. Estaba en Italia, en un lugar mágico, a punto de encontrarme con mi niño de los ojitos lindos… aunque sólo viajaríamos en plan de amigos. El corazón se me salía y, de repente, la imagen con los griegos e italianos del barco se esfumó de mi mente. Sólo podía pensar en lo que le diría a Emerson. Me hubiera gustado verme más linda para él pero, después de todo lo que nos pasó, ¡llevaba dos días con los mismos calzones! No traía nada para ponerme, ni un cepillo y mucho menos maquillaje. Moraleja: cuando viajen, siempre tengan un cambio adicional en una maletita de mano y ¡no se olviden unos calzones! No obstante, para mí los calzones no serían un obstáculo, pues decidí ponerme lo que nunca falla: una sonrisa.

Al fondo en la barra se encontraba mi ex, recién bañadito y listo para salir a pasear por las románticas calles de Roma. Poco a poco, mis amigos y yo nos acercamos para saludarlo. Cada paso hacía que mi presión arterial subiera, sentía cómo me temblaban las piernas y cómo se me congelaba la lengua. Tenía meses sin verlo. De pronto, mi gran amor estaba frente a mí, y lo peor era que no sabía qué decirle. Me moría por besarlo y decirle cuánto lo había extrañado, pero el orgullo fue más fuerte y lo saludé de la manera más casual, con un "¿Cómo estás? ¡Qué gusto verte! ¿Cómo estuvo tu viaje?"

Después de todo, le había pedido que fuéramos amigos. Tenía que ser fuerte y cumplir con lo estipulado, pues no deseaba caer en lo mismo. Ya no podía sostener una relación de lejos con el novio imaginario.

Después de recoger las llaves, subí a darme un baño y le pedí a mi amiga algo de ropa, porque ella fue la única suertuda a quien le había llegado la maleta. Me sentía como una adolescente que está a punto de encontrarse con su primer amor. Era increíble cómo, después de tantos años, mi amor por Emerson estaba intacto y aún sentía esas mariposas que sentí la primera vez. Muchas veces le había pedido a

Dios que lo alejara si no era para mí y que me diera resignación para aceptar que ya no estaba conmigo. Si en muchas ocasiones el destino se opuso a que estuviéramos juntos, en esos momentos sentía que el universo conspiraba a favor de nuestro amor.

Esa noche, después de cenar, caminamos por las hermosas calles de Roma. No tenía ojos para nada ni nadie más, sólo pensaba en él y en cuánto lo quería. Me porté como una niña. No sabía cómo actuar. Al llegar al hotel me pidió que habláramos y fue allí cuando casi me da un patatús porque me dijo que me amaba y que en ese viaje me demostraría que estaba dispuesto a luchar por mí y por nuestro amor. Me pidió que le diera una oportunidad y le creí, porque en ese momento sentía que nuestro amor era tan grande que ni el tiempo ni la distancia nos separarían. Aunque por dentro me quemaba por besarlo, muy tranquila le dije que estaba bien, que lo intentáramos, que si después de ese viaje sentíamos que era difícil, allí quedaría todo.

Jamás imaginé lo que ocurriría en ese viaje. Empezó en la cena del capitán del barco, rodeados de gente vestida con sus mejores galas en el restaurante principal. También me puse mis mejores trapos porque mi maleta, por fortuna, había aparecido. Todo iba de lo más normal: cenamos rico, probamos todos los postres y disfrutamos de una copita de vino en la deliciosa sobremesa. Lo único extraño fue que durante la cena Emerson se levantó en varias ocasiones. Supuse que tenía que ir al baño. No habían pasado ni diez minutos de haber terminado la cena cuando Emerson me pidió que lo acompañara. Le pregunté a dónde, porque me parecía extraño si la plática estaba tan interesante, pero sólo me dijo que tenía una reservación. En verdad, no entendí lo que sucedía.

Para hacerles la historia corta, me llevó a la cubierta del barco. Era una noche fresca. Tan pronto se me erizó la piel, le pedí su saco. Emerson se hizo el loco y no me lo dio. Por un instante pensé que era un grosero y le insistí. Logré ver cómo sacaba algo del bolsillo interior del saco, pero no supe descifrar qué era. La verdad, tenía tanto frío que no le di importancia.

Al fondo, en la proa, podía observarse una mesa con mantel blanco; al lado estaba el *sommelier* que nos atendía todas las noches durante la cena en el barco, vestido con su uniforme y con el clásico pañuelo blanco en su antebrazo. La mesa tenía dos copas y unas velas. Al verla pensé en el maravilloso detalle que esa persona había tenido al planear algo tan romántico. Poco a poco nos acercamos. De pronto, el *sommelier* hizo un gesto para invitarme a tomar asiento en la silla. Incrédula, pensé que se había equivocado. Fue entonces cuando Emerson me acercó la silla para que me sentara. No entendía bien lo que sucedía, pues Emerson no se caracterizaba por ser una persona romántica o detallista y pensé que lo único que hacía era ganar puntos para volver conmigo. El *sommelier* nos sirvió un poco de vino y, con una enorme sonrisa, nos dijo: "Disfruten de esta noche maravillosa". Después, se retiró.

Emerson comenzó a hablar de nosotros, de la relación, de todos los obstáculos que habíamos tenido que vencer a lo largo de nueve años de noviazgo. Estaba muy atenta a su plática hasta que, de pronto, me di cuenta de que él se había puesto de rodillas y sostenía una cajita negra en sus manos. En medio de mis alborotadas ideas, sólo escuché, no sé cuándo ni cómo, "...pero quiero pedirte que seas mi esposa".

Yo me quedé, como dice la canción de Shakira, "¡bruta, ciega y sordomuda!" Bueno, ni tan ciega, porque bien pude apreciar un precioso diamante incrustado en el anillo que siempre había soñado. Mientras trataba de enfocar el anillo que estaba frente a mí, escuché que unas voces me gritaban: "¡Dile que sí!" Eran mis amigos, quienes se habían puesto de acuerdo con Emerson para darme la sorpresa de mi vida. Ellos habían captado este momento tan especial en video y fotografía. Yo, con lágrimas en los ojos, lo abracé y, con un beso, le dije que sí, que quería compartir mi vida entera con él.

Los preparativos de la boda empezaron. Siempre había soñado con una boda muy mexicana. Decidimos que sería en una hacienda y qué mejor lugar que en Jalisco: la tierra del tequila. Los invitados llegarían a Guadalajara y, de allí, unos camiones los transportarían a la iglesia y luego a la hacienda. Ambos lugares eran preciosos, tal y como los había imaginado en mis sueños. Hasta las cosas más insignificantes estaban planeadas porque quería que todos los asistentes se llevaran un recuerdo inolvidable.

Las mujeres soñamos con el día de nuestra boda. El vestido es parte importante de esa fantasía y, en mi caso, lo había elegido desde mucho tiempo atrás. Sucedió en uno de los pasillos de Univisión. Una productora revisaba la grabación de un reportaje sobre vestidos de novia, los cuales eran creaciones del diseñador

Lázaro, quien me ha vestido para todos los Premios Lo Nuestro y a quien debo que siempre hablen bien de mi vestuario. Pasaba por allí cuando, de pronto, vi el vestido de novia de mis sueños. Era precioso, tal como lo había imaginado. En ese momento les dije a mis compañeras que usaría ese vestido el cuando me casara. Lo paradójico es que sólo tenía 22 años y en ese momento no conocía a Lázaro, quien después se convertiría no sólo en mi diseñador favorito sino en un gran amigo. Cuando le dije que me casaba y que quería usar ese vestido en mi boda, se puso feliz y acordamos vernos en Nueva York para hacerme las pruebas. Yo estaba radiante. Cuando me lo puse no podía creer que en poco tiempo sería una mujer casada. La felicidad fue mayor cuando me dijo que el vestido sería su regalo de bodas.

Ese día tan esperado todo estaba coordinado a la perfección: las mesas, las sillas, las flores, la iglesia, etc. Llegué a la iglesia acompañada por mi papá en una carreta y envuelta por el vestido de mis sueños. Me sentía como una princesa imaginada por Frida Kahlo, con un vestido de seda color crema bordado con miles de flores de colores y el cabello adornado con una corona de rosas rojas naturales. Así, y con una enorme sonrisa, caminé hacia el altar donde me esperaba Emerson, rodeado por toda la gente que había hecho el esfuerzo de estar allí para acompañarnos. Todo parecía un sueño y miles de imágenes de mi vida empezaron a correr por mi mente. Era increíble que, después de lo que habíamos vivido, Emerson me esperara allí para jurarnos amor eterno. Su mirada estaba llena de ilusión, mientras yo era un mar de lágrimas. La ceremonia estuvo preciosa, pero lo mejor de fue cuando llegó la hora en que el sacerdote anunció: "Los declaro marido y mujer; lo que Dios ha unido, que no lo separe el hombre". Con esas palabras y con un beso, mi vida comenzó a tener sentido.

Tuvimos una inolvidable luna de miel. Recorrimos en barco las islas polinesias y cerramos con broche de oro en un espectacular bungalo sobre el mar, en la paradisíaca isla de Bora Bora. El paisaje no podía ser más romántico y celestial; era como estar en el paraíso. El bungalo literalmente flotaba y el suelo era de cristal, así que teníamos la vista más linda de esas aguas color turquesa.

Por desgracia, el sueño duró sólo quince días y tuvimos que volver a la realidad. Regresamos a Miami a trabajar, ya con el asunto de la visa solucionado de quien ahora era mi esposo. Él tenía que empezar de cero, pues había dejado todo para estar conmigo. Su idea era tener su negocio: una constructora, así que juntos nos dedicamos a cumplir nuestros sueños. Cuando digo juntos es porque así fue. Lo más lindo en una relación es admirar y sentirte admirado por tu pareja, tener el deseo de crecer juntos y apoyarse en los sueños mutuos. Al casarme, descubrí que el éxito no significa nada si no tenemos con quién compartirlo.

En mi trabajo todo marchaba de maravilla. Hacía mis locuras con estrellas del mundo del espectáculo y conocía gente interesantísima. Lo disfrutaba mucho, sobre todo porque me daba la oportunidad de convivir con los artistas en un plano más personal, como cuando compartimos un día en la vida de Paulina Rubio y me llevó a esquiar en el agua, paseamos en moto y nos contó de todo. Hasta nos llevó a la playa, su lugar favorito para practicar yoga. Mucha gente la critica, pero en lo personal puedo decir que me pareció una chava súper simpática, abierta y, sobre todo, auténtica. Ella es del tipo de personas que es como es; si le cae bien a la gente, qué bueno y, si no, no le importa. Ella dice las cosas como son y como las piensa. No anda con poses ni presume sus millones, como otras que no es necesario mencionar... Justo eso, su autenticidad, la ha llevado al lugar en donde está y convertido en una de las latinas mas reconocidas a nivel mundial.

Otro de los momentos que más gocé fue cuando estuve de visita en la casa de los Tucanes de Tijuana, en Tijuana, y ellos me enseñaron cómo hacen sus carnes asadas. Estuvo delicioso, pero lo mejor no fueron los tacos, sino lo mucho que me reí. ¡Son tan simpáticos! Y cómo olvidar los sueños que les cumplimos a muchos de nuestros televidentes, a esos fanáticos que soñaban con conocer a sus artistas favoritos. Como aquella chica que cuando vio a Enrique Iglesias se quedó sin habla, o la intrépida que hizo todo por colarse a un concierto de Juanes.

A mis productores les encantaba sorprender y a veces la sorprendida era yo, como cuando me metieron en una tina llena de ratas, cuando me encerraron en un ataúd para quitarme la claustrofobia o cuando me lanzaron en parapente en México y tuve tal caída que casi me rompo el cuello. Tampoco se me olvidará una vez que estuve a punto de ser aplastada por decenas de avestruces. Esas vivencias y la gente maravillosa que conocía hacían que mi trabajo fuera un pasatiempo.

Eso es lo que la gente debería buscar: que su trabajo sea un pasatiempo. No hay nada más satisfactorio que despertarse con ganas de ir a trabajar, de enfrentar nuevos retos y, una vez que esa actividad deje de representar un reto, buscar nuevas ilusiones y alternativas que le permitan continuar con el aprendizaje y el crecimiento.

Eso me sucedió a mí. Había cumplido seis años en *Control* y puede decirse que había hecho de todo, así que llegó el momento en que dejó de ser un reto. Las cosas en la vida tiene un principio y un fin y para mí el fin de *Control* había llegado. Necesitaba aprender cosas nuevas y explorar otras facetas de mi carrera. Ya no tenía 22 años, los 30 se acercaban y, además de no lucir como adolescente, ya no me sentía con ganas de hacer historias para jóvenes. Era una mujer casada y mis intereses y prioridades habían cambiado. Ser madre ya estaba en mis planes, y un programa para adolescentes no sería muy bien aceptado con una presentadora embarazada.

Control me cambió la vida, me había permitido aprender, probarme a todo nivel, volverme una cara conocida en el medio y, a nivel personal, me brindó una estabilidad económica de la cual ahora podía disfrutar desde la ventana de un apartamento frente al mar en Miami Beach o al recorrer la ciudad en el soñado Mercedes Benz blanco. Pero sentía que era momento de reservar el boleto para llegar a la próxima parada en el itinerario de mi vida.

Así que un día pedí un cita con la presidenta de Univisión, la señora Alina Falcón. Le expliqué mis inquietudes y le hablé de mis nuevos intereses. En ese momento buscaban presentadora para *Despierta América* y sabía que querían a una mamá, le pedí que me consideraran para esa posición y argumenté que, aunque en ese momento todavía no era mamá, ya estaba en mis planes serlo. Incluso le comenté que sería buenísimo el hecho de que el público viviera conmigo un embarazo. Ella me dijo que lo consideraría.

Los productores de *Control* decidieron que lo mejor sería buscar una nueva chica y comenzaron a hacer diferentes audiciones. Estaba lista para un cambio, pero en el fondo sentía gran nostalgia porque, después de todo, *Control* se había convertido en algo muy importante para mí por lo aprendido, por mis productores, que más que compañeros de trabajo, eran mi familia: la sabelotodo Vanessa, el perfeccionista Víctor, la mil usos Andrea, el jodón de Juanchy, la fumada Vivianne, la despistada Carmen, la diplomática Verónica, la cholita Liza y el loco Barski. Todos se habían convertido en mis grandes amigos y maestros, pero la vida tenía que seguir y, así como en determinado momento me abrieron paso a mí, ahora yo tenía que darle el paso a una chica llena de sueños e ilusiones como las que algún día tuve.

En medio de audiciones estaban cuando un día nos llamaron a una reunión con los jefes. Debía ser algo importante. Estábamos sentados con cara de susto y peor se nos puso cuando nos informaron que el programa sería cancelado. La cara no fue sólo de susto sino de incertidumbre. La pregunta que se nos veía en la mirada era: ¿y ahora qué?

Pero en la vida las cosas pasan por algo. Aunque a veces nos cuestionamos el porqué de todo, más tarde nos damos cuenta de lo que aprendimos o se nos dio gracias a eso. Lo he vivido en carne propia. No me lo van a creer, pero llevaba más de un año de escribir este libro. Por alguna razón u otra no lo terminaba hasta que la editorial me dio un ultimátum, así que tenía que trabajar con una fecha límite.

Cierto día, cuando por fin estaba a punto de terminarlo, sucedió algo en mi computadora que catalogo como sobrenatural, porque fue inexplicable. Escribía en la computadora como loca cuando, de repente, al ver el monitor noté que el documento está en blanco. No entendí lo que pasaba y me puse a buscarlo por todos lados, llamé a mi esposo para que viniera a ayudarme y tampoco pudo hacer nada. El texto del documento se había borrado por completo y no pude recuperar ni un párrafo. Me quedé sentada frente a la computadora como incrédula, y deseaba que eso que sucedía fuera un sueño. No sabía si llorar, gritar o tirar la computadora. Sentí tanto coraje que hasta la cabeza me dolió.

Así pasé unos minutos, pero poco a poco me di cuenta de que la cosa no era tan grave. Por fortuna había mandado una copia del documento a un amigo, aunque hasta la página 75. Antes de que se borrara mi interminable libro, ya iba en la página 97, lo cual significaba que tenía que reescribir poco más de 20 páginas. Mi trabajo de días estaba perdido, pero no mi esperanza. Las cosas no ocurren así porque sí. Lo que nos sucede nos deja una lección. Por alguna razón, Dios no quería que esas páginas estuvieran en mi libro.

Después de ese incidente, cambié mi coraje por una actitud positiva y me concentré. Decidí que ahora escribiría mejor y le pedí a Dios que me iluminara, me llenara de inspiración para seguir escribiendo lo que tú lees en estos momentos. Le pedí que lo que saliera de mi corazón y de mis manos estuviera hecho y pensado en su nombre.

Lo mismo sucedió con mi trabajo. *Control* había llegado a su fin. Para muchas personas quedarse sin trabajo y la incertidumbre de no saber qué hacer los hubiera matado. Tomé las cosas con calma; sabía que esto ocurría porque algo bueno venía para todos; estaba convencida de que si esa puerta se había cerrado otra se abriría pronto. Así fue. Por fortuna, nos reacomodaron en diferentes proyectos de la compañía y no hubo necesidad de despedir a nadie.

Cuando expresamos en forma contundente nuestros deseos y aspiraciones, pareciera que todo lo que nos rodea se ajusta para que éstos se conviertan en realidad. En ningún momento dudé de que las cosas marcharía bien, y si les digo que uno atrae lo que piensa es porque así sucede.

Días después de esa reunión, la presidenta de Univisión, Alina Falcón, me mandó llamar. Aunque no tenía idea de lo que me diría, dentro de mí existía la esperanza de que me dijera que tenía un nuevo proyecto para mí, y no cualquier proyecto. Entré a su oficina con una sonrisota. No parecía que me acababan de informar que mi programa se había cancelado. De manera muy atenta me comunicó las razones por las que el programa sería cancelado, pero me dijo que no me preocupara porque había pensado en nuestra última conversación. Se refería a que le había pedido que quería trabajar en *Despierta América*. Tal parece que es cierto aquel dicho que dice: "Al que no habla,

Dios no lo oye", porque a mí me escucharon. Me dijo que necesitaban hacer pruebas para ver la química que había entre los presentadores y yo. Estaba inmensamente feliz porque, aunque no era seguro todavía, ya había dado el primer paso. Lo demás dependía de mí; tenía que demostrar que sí podía.

Durante la semana de la prueba estaría de copresentadora con los muchachos. Para mí era algo súper diferente; imagínense, venía de hacer un programa donde todos éramos jóvenes, hecho para jóvenes. Ahora tendría que dejar mis locuras a un lado y volverme un poco más seria. Todo era distinto: el tiempo, el formato, el contenido, ya no era la única presentadora, pero me sentí tranquila y me propuse simplemente ser yo. Giselle Blondet se había ido dos años atrás y había dejado un gran vacío. Nunca intenté llenarlo, pues era sólo de ella. Traté de crear el mío y nunca intente ser, vestirme, hablar o expresarme como ella. En la vida todo y todos tenemos un momento. El de ella había terminado y ahora era el mío.

El público es muy inteligente y se da cuenta cuando alguien es auténtica y transparente. Cuando nos reímos y nuestra risa sale del alma, se nota; eso me sirvió para ganarme un lugar en el programa número uno de la mañana en la televisión hispana en Estados Unidos.

Cuando me informaron que sería la nueva presentadora de *Despierta América* me puse como loca y de inmediato llamé a mi esposo para contarle lo que me acababa de decir Alina Falcón. Al salir de su oficina estaba tan emocionada que todo me temblaba. Tantos años de esfuerzo, dedicación, paciencia y sacrificios habían dado frutos: a los 29 años sería la conductora de un programa diario. Uno más de mis sueños se acababa de cumplir.

Lo más maravilloso de todo fue que ese logro ocurrió en compañía de mi esposo. Nunca dejaré de agradecerle que haya dejado todo por apoyarme en mi sueño, por creer en mí, por sus críticas y sus halagos, por su comprensión y amor en mis caídas, por su sinceridad. Sin él, nada de esto hubiera sido posible. Las personas que amamos son fundamentales a la hora de cumplir nuestras metas. Una pareja nos hunde o nos lleva a la cima. Nuestra pareja tiene que ser cómplice, tiene que sufrir las derrotas y celebrar las alegrías. Cuando encuentras a alguien con quien compartir todas las cosas bellas que la vida puede darte, sientes el verdadero éxito.

En mi vida había tenido momentos de felicidad, pero nunca me había sentido tan exitosa hasta que me casé. Incluso existen estudios que aseguran que una persona casada goza de más salud y, por tanto, llega a vivir más años que una soltera. Nuestra vida personal juega un papel importantísimo en vida profesional, porque cuando nos sentimos bien en el plano personal nos desempeñamos bien en el profesional. No me cabe la menor duda de que el camino es más bello cuando lo recorremos de la mano del ser que amamos.

Mi reto en *Despierta América* empezó en enero del 2006. Tenía que despertarme a las cuatro de la mañana para estar a las cinco en maquillaje. Al principio, la levantada me mataba, pero poco a poco mi cuerpo se acostumbró, traté de disciplinarme y crear una rutina que me obligara a estar en la cama a más tardar a las nueve de la noche. Si no me dormía a las ocho, al día siguiente estaría como zombie. Como en todo trabajo nuevo los primeros meses fueron de mucho aprendizaje y ajuste. Tuve que cambiar muchas cosas, empezando por mi manera de vestir. Ya no podría usar *jeans* rotos, camisetas o minifaldas. Eso fue remplazado por ropa más seria y formal. Para muchas personas fue un *shock,* pues decían que me veía muy aseñorada. Estaban acostumbradas a la niña de los sábados.

Mi reto principal fue intentar que tanto el público como los productores dejaran de verme como esa niñita de los sábados. Ya no era esa jovencita, sino una mujer casada con nuevos intereses. Lograrlo me tomó tiempo y tuve que prepararme mucho. Cambié un poco mi tono de voz, mi forma de hablar y de expresarme y, sobre todo, me tocó leer mucho más. Siempre me había gustado la lectura, pero ahora debía leer de todo, saber política, deportes, música, geografía, historia, hasta chismes de farándula, recetas de cocina, cosas del hogar, animales y niños.

Estar en televisión requiere de mucha responsabilidad. Somos modelos a seguir para muchas personas y, al mismo tiempo, nos convertimos en el blanco de las críticas más exigentes. La gente espera que seamos perfectos. No podemos tener un mal día, no podemos vernos tristes, tener una libritas de más, pronunciar algo mal y, para colmo, quieren que nos vistamos como la gente quiere. Créanme, para estar en este negocio se necesita tener corazón de hierro, porque las críticas pueden llegar a afectarte al grado de causarte depresión. Basta visitar los foros en Internet dedicados a las noticias del entretenimiento para darse cuenta de que hay personas que convierten la crítica despiadada en su deporte favorito. He sabido de compañeros que han necesitado terapia psicológica por las crisis que han sufrido debido a los comentarios y negativos de algunos.

Lo más cómico es que somos personas comunes y corrientes, tenemos problemas, nos duele la cabeza, nos sentimos gordos, ahorramos, vamos al supermercado, hacemos, pensamos y nos preocupamos por lo mismo que los demás. Pero, a veces, al público se le olvida. Por eso es preciso darse cuenta de que en la vida siempre existirá gente negativa y que no tenemos que gustarle a todo el mundo. Cuando entendemos y respetamos los gustos de los otros, logramos vivir más tranquilos.

Tomó tiempo que el público se acostumbrara a mí, aunque tengo que agradecer que me recibiera de la mejor manera. Como en todo, hubo a quienes les gusté y a quienes no les gusté; pero, el problema es de ellos, porque cuando quieran pueden cambiar el canal. No podemos perder tiempo en gente negativa; por el contrario, es importante reconocer las críticas constructivas, las cuales provienen de quienes que nos quieren y desean vernos crecer.

La vida es muy corta como para perder el tiempo en lo que dice o piensa la gente. Cuando nos amamos y estamos contentos con nosotros, llegamos a adquirir una seguridad que se convierte en un escudo protector y ya nada nos hace daño. Ese escudo es una coraza construida con nuestras experiencias, que ha sorteado todas las pruebas posibles y está recubierta por el brillo de los sueños e ilusiones de las cosas que están por venir. Es un blindaje contra el pesimismo y la falta de motivación. Es una coraza que está disponible para los que quieran triunfar en una batalla que se llama nosotros mismos.

Aparte de probarle a mucha gente que estaba capacitada para desempeñarme como presentadora de un programa matutino en vivo, puse a prueba mis habilidades para el canto, el baile, la actuación, el periodismo y otras disciplinas. El formato y el enfoque de *Despierta América* me dio la oportunidad de explorar varias facetas de la carrera artística, me ayudó a desarrollar la habilidad de hacer comedia, bailares quimbomboris, improvisar, entrevistar, hablar tanto de temas relajados como serios y ¡hasta aprender a trabajar frente a las cámaras con un perro como *cohost*, el famoso Cosita!

Mi periodo de prueba duró medio año. Durante ese tiempo aprendí técnicas de comedia de la mano de mi compañero Fernando Arau, técnicas de entrevista gracias a mi talentoso compañero Raúl González, a estar siempre informada con la ayuda de mi gran maestra Neida Sandoval y a ponerle picardía al chisme de la mano de Anita Canseco. Ellos, en sólo unos meses, se convirtieron en mi familia. Una familia que estaba a punto de crecer.

Mi verdadera vocación

Un día en el programa empecé a sentirme mal. Era lunes y sentía como si estuviera cruda, con resaca, guayabo o como quieran decirle. El caso es que tenía náuseas y estaba un poco mareada. Sabía que eso no era normal, así que empecé a analizar la posible razón por la cual me sentía así. De pronto, recordé que mi regla no había llegado En ese momento, el estómago se me revolvió más. Faltaba una hora para que terminara el programa y ya quería correr a la farmacia. Mi sospecha de un posible embarazo creció a medida que se acercaba el final del programa. En cuanto acabó, me fui a buscar la farmacia más cercana. Por casualidad había una al lado de Univisión y allí todos nos conocían. Al ser algo tan personal no quería que nadie se diera cuenta, así que me puse gorra y lentes y me metí en busca de la prueba que aclararía mis dudas.

Había tantas que no sabía cuál elegir, las manos me sudaban y la duda me mataba, hasta que por fin escogí una que con la palabra "pregnant" me diría si estaba embarazada, y "not pregnant" si no. Por suerte, nadie me reconoció. Al salir de allí le marqué a mi comadre y le conté lo que me sucedía. Ella, con un grito de emoción, me dijo: "Vente a mi casa y aquí la hacemos". Como acababa de tener a mi ahijadita, mi comadre conocía a fondo el tema de la maternidad, así que me explicó rápido cómo era la prueba y enseguida entré al baño.

La prueba funcionaba con una muestra de orina que colocabas en el aparato y éste tardaba cerca de un minuto en dar la respuesta. Ese minuto fue eterno. Deseaba con todas mis fuerzas que el resultado fuera positivo. Mi mirada estaba fija en el aparatito. De pronto, apareció con claridad la palabra "pregnant". Por unos segundos me quedé sin habla. Luego, ese silencio se convirtió en un fuerte grito de emoción. ¡No podía creerlo! Mi comadre estaba afuera del baño con una cámara de video, lista para captar mi reacción. Sentí tanta felicidad que tuve que asegurarme de que lo que había leído era correcto. No conforme con que mi comadre había leído lo mismo, me hice otra prueba porque quería estar completamente segura antes de informárselo a mi esposo. La segunda prueba lo confirmó.

Salí de allí con una emoción indescriptible y no dejaba de acariciar mi pancita. En el auto pensaba en la manera de decírselo a mi marido; quería que fuera inolvidable, así que me detuve a comprar un biberón, chupones, sonajas y juguetitos de bebé, y lo coloqué todo dentro de una caja con una tarjeta que decía: "Mi amor, un pedacito de ti está creciendo dentro de mí. ¡Felicidades, papito!".

Dejé la caja sobre la cama. Y cuando llegó mi esposo, le dije que había recibido un paquete para él. Tenía la cámara de video lista para grabar su reacción. Se acercó, comenzó a abrir la caja y, cuando vio las cositas de bebé, no entendió muy bien lo que sucedía. Al leer la tarjeta sus ojitos se iluminaron y de inmediato me abrazó, mientras yo no dejaba de llorar de la emoción.

A partir de ese momento, mi vida cambió; mis prioridades ya no eran las mismas. Ese angelito que crecía en mi vientre se había convertido, de un día para otro, en mi razón de ser. Pese a que estaba radiante de felicidad, durante los primeros meses decidí guardar el secreto; sólo mi familia y amigos más cercanos lo sabían. Al principio era divertido llegar a trabajar sin que nadie sospechara nada. Poco a poco el asunto empezó a complicarse porque tenía casi tres meses de embarazo y mi pancita comenzaba a notarse, además de que mis compañeros empezaban a sospechar gracias a mis escapaditas al baño, sobre todo después de los segmentos de cocina que tantas náuseas me causaban.

Antes de que fuera más evidente, decidí darles la sorpresa no sólo a mis compañeros de trabajo sino también a los televidentes. Con la ayuda de dos productoras que conocían mi secreto, planeamos que la gran sorpresa sería en vivo, live como se conoce en la terminología de la televisión. Estábamos en la salita del estudio y empecé a hablar de un nuevo invento que permitía monitorear más de cerca a los bebitos. Les dije que era como un ultrasonido, pero más avanzado. Al mismo tiempo, imágenes de un ultrasonido aparecían en pantalla.

Mientras ellos observaban muy atentos, les dije: "Gracias a esta tecnología pude ver a mi bebé, que apenas tiene nueve semanas". Todos se quedaron mudos y la única que hablo fue Neida, para preguntarme: "¿Es tuyo?" Con una enorme y orgullosa sonrisa, respondí que sí. Todos me abrazaron y se sintieron tan felices como yo. Ese momento fue inolvidable, no sólo porque sentí el cariño sincero de mis compañeros sino porque pude compartir algo tan maravilloso con la gente que me permitía entrar a sus hogares todos los días. Siempre nos dicen que formamos parte de las familias hispanas de este país, muchas de ellas inmigrantes que se preparan para ir al trabajo mientras escuchan nuestras voces que les dan los buenos días y reciben una sonrisa y un gesto amable cada mañana. Por eso quise que el anuncio de un nuevo bebé llegara con sus bendiciones y felicidad a millones de hogares latinos.

Compartí ese momento con los televidentes. Luego juntos vimos crecer mi pancita y cada mes me tomaba medidas y me pesaba frente a todos ellos. Se enteraron del sexo del bebé, veían su crecimiento y desarrollo por medio de los ultrasonidos, incluso vieron por primera vez su carita gracias al ultrasonido en tecera dimensión que me practicaron allí mismo, en el estudio.

Esos nueve meses fueron maravillosos. Estaba más tranquila que nunca, quería que mi bebita no sintiera ni el más mínimo estrés, deseaba que sólo escuchara cosas lindas y que sintiera todo el amor que le esperaba afuera. Con frecuencia le hablaba y le cantaba, soñaba con su carita y con cómo sería. Fueron meses de muchos cuidados; traté de comer lo más sano posible y de practicar una rutina de ejercicios que se adaptara a mis necesidades. Ésta incluía ejercicios sobre el suelo con algunas pesas ligeras, además de ejercicios cardiovasculares. Caminaba por lo menos 30 minutos, tres veces a la semana. Comía proteínas, muchas frutas y verduras, ácido fólico y bastante agua. Una buena alimentación y ejercicio me mantuvieron en un peso adecuado y, sobre todo, sana, igual a mi bebé. Ignoré por completo ese dicho que dice que: "Embarazada, hay que comer por dos". Lo cambié por éste: "Embarazada, hay que comer más sano".

Los últimos meses me dediqué a decorar la habitación de la bebé. Me llené de inspiración y le pinté un enorme jardín en las paredes; busqué meticulosamente cada una de las cositas para adornarla. Con mucho amor lavé la ropita y la guardé en su armario. Todos los días me sentaba en la silla mecedora y me imaginaba el momento en que mi hija estuviera en mis brazos. Me gustaba oler sus cremitas con ese inconfundible olor a bebé. Podía pasar horas metida en su cuarto y soñar con el día en que ella estuviera allí.

La espera terminó un lunes, mientras me preparaba para ir a trabajar. Desperté y no me sentí muy bien. Después de un baño mi condición mejoró un poco. Mi esposo, como todas las mañanas, me acompañó hasta el auto y me dijo que si no me sentía bien, no fuera a trabajar. Como ese día era mi revisión semanal con el doctor, le dije que no se preocupara. Pensé que durante el programa mejoraría un poco, pero no fue así. Al salir, me fui directo a mi cita con el médico. Me revisaron la presión, y estaba por el cielo. Tras hacerme una serie de preguntas, el doctor me mandó al hospital y me dijo que tenían que monitorear al bebé. Salí de allí rezando para que todo estuviera bien. Estaba consciente de lo peligroso que era tener la presión alta durante los últimos meses de embarazo; pesar del nerviosismo, me sentía segura de que todo marchaba bien. De camino al hospital le dije a mi hija que tenía que ser fuerte, que mami y papi estaban ansiosos por conocerla y que debía luchar por su vida.

En el hospital además de monitorear mi presión me conectaron un montón de aparatos a la barriga. Por suerte, mi bebita estaba bien. No obstante, el doctor me informó que mi embarazo había terminado y que el momento llegó. Ese mismo día me interné en el hospital.

Un poco más tarde mi marido llegó con la ansiedad de cualquier padre primerizo. Me daba ternura verlo caminar de un lado a otro y hacerle un montón de preguntas al doctor. En un momento y en forma directa —como son los doctores de este país— nos comunicó que tratarían de inducirme el parto para que diera a luz al día siguiente. Esa noche fue la más larga de mi vida. Además de las ansias por conocer a mi hija, los aparatos que tenía conectados eran insoportables. ¡Ya quería que fuera 22 de marzo para recibir a mi esperado angelito!

A la mañana siguiente me despertaron los dolores de parto. Por primera vez sentí lo que era una verdadera contracción, aunque estaba dispuesta a permanecer sin anestesia y a aventarme el parto como las indias, a lo natural. Todo empezó muy bien, pero las contracciones se volvieron muy fuertes a pesar de que traté de aguantar, llegó un punto en el que ya ni gritar podía. Era tanto el dolor que sólo me salían lágrimas. Mi esposo me tenía tomada de la mano. Cada vez que me dolía, yo le daba tremendo apretón. Era algo así como el desquite: si sufro, tú también. Tenía los ojos llenos de lágrimas hasta que apareció un ángel. Así bauticé al anestesiólogo quien, como por arte de magia, hizo desaparecer mis dolores.

Ese cuarto parecía un circo: entraba y salía gente. A quien más le temía era al doctor que con frecuencia revisaba mi dilatación, la cual llegó hasta siete centímetros. El médico dijo que ya no dilataba, que daba muestras de sentirme muy cansada y que mi presión no estaba en las mejores condiciones, así que lo mejor era practicarme una cesárea por el bien de ambas.

Entré al quirófano acompañada por mi esposo, quien parecía un pitufo vestido todo de azul. No tenía sensación de la cintura para abajo y acababa de vomitar gracias a la anestesia que me habían puesto. Todo fue rápido. Cuando menos pensé, mi hija ya estaba afuera. Con un grito de "quítense, que aquí voy" llegó mi grande Antonella al mundo. Quisiera decir pequeña, pero no fue así: pesó ocho libras y midió 20 pulgadas. ¡Era enorme! No podía creer que hubiera estado dentro de mí. Después de una revisión, la colocaron en mi pecho, le di la bienvenida al mundo y le dije que la amaba. Al oír mi voz, ella me buscaba y, con mucho esfuerzo, trataba de abrir sus ojitos. Era la niña más linda que había visto en mi vida, tenía los ojitos tan tiernos como su papi. Nunca olvidaré cuando esos preciosos ojos me miraron por primera vez. Allí que encontré sentido a mi vida y descubrí mi verdadera vocación.

Mi hija trajo mil ilusiones a mi vida. Su llanto me ha enseñado la compasión; su risa, la honestidad; sus travesuras, a ver el lado divertido de la vida. Ha venido a colmarnos de bendiciones. Ese ángel maravilloso que me ha prestado Dios ha venido a enseñarme el verdadero significado de la existencia, me ha dado la oportunidad de experimentar un sinfín de emociones, como sentir lo refrescante que puede ser una desvelada, lo placentero del dolor de amamantar, la diversidad de colores que tiene una sonrisa, la magia de una mirada, lo vulnerables que somos ante una caricia, lo penetrante que puede ser su inconfundible olor y encontrar la belleza hasta en un pañal. Ella vino a en- señarme el verdadero amor. Gracias a ella he aprendido el significado de la palabra incondicional. Ella es una prueba de que Dios existe.

Desde el día en que nació mi hija mi existencia cambió. Nunca más volví a ser la misma, no sólo en lo personal sino en el aspecto laboral. Después de tres meses de descanso me incorporé a mis labores en *Despierta América*. Lo más sorprendente de este cambio fue darme cuenta de la seguridad tan grande que me había dado el hecho de convertirme en mamá. Incluso regresé más delgada que nunca y la gente me decía que me veía mejor que antes. Esto prueba que cuando sentimos felicidad por dentro la transmitimos y, por tanto, la gente nos ve bellos por fuera.

Mi trabajo ha sido una parte fundamental en mi andar, me ha llenado de satisfacciones y logros personales, ha sido el fruto de muchos años de esfuerzo. Pero acá entre nos he descubierto que mi verdadera vocación es ser una mejor esposa, una mejor madre, una mejor hija y, por tanto, un mejor ser humano. Quiero ser un buen ejemplo para mi hija, con el cual ella algún día logre cumplir sus propios sueños.

Hasta el momento llevo dos años de trabajar en *Despierta América*, un programa que cada día me da una nueva oportunidad para aprender. Así es la vida: un lugar en donde nunca dejamos de aprender. Lo importante es encontrar nuestra pasión y hacer de ella un reto diario, con el cual podamos crecer en el aspecto profesional, físico, espiritual y personal. Cuando logramos equilibrar estas cuatro cosas experimentamos el verdadero éxito.

Gracias a Dios hoy puedo decir que soy de las personas afortunadas que han logrado el éxito en la vida. A mis 31 años me siento una mujer más plena. Lo mejor es que he descubierto que el triunfo no tiene relación alguna con la fama, el dinero o el *glamour*. El éxito se logra cuando perdemos el miedo a enfrentar los obstáculos que se nos presentan. Lo más divertido no es llegar sino disfrutar de las experiencias que vivimos en el camino. Estoy segura de que soñar e imaginarnos que vivimos y hacemos lo que queremos, además de mantener una actitud positiva, nos llevará a conquistar el mundo. Vivir la vida con una sonrisa es el ejemplo más grande de nuestra fe. Es la mejor muestra de que queremos lanzarnos a conquistar nuestros sueños, disfrutar de lo que hacemos, saber que tenemos que recorrer un camino que tiene distintas estaciones con significados especiales y estar dispuestos a hacerlo. ¡Inténtalo y descubre por ti mismo el poder de una sonrisa!

Para reflexionar

Si sueñas con las pasarelas

En mi caso, el modelaje me abrió las puertas al mundo de la televisión. ¿Te acuerdas de aquella famosa entrevista? Por eso, si te interesa el modelaje como trampolín para otra carrera o porque de verdad te apasiona el mundo de la moda y los comerciales, aquí van algunas recomendaciones.

Ante todo, para ser modelo no tienes que dejar de comer ni poner en peligro tu salud física y mental. No sé si sabes que dos modelos en Brasil murieron de anorexia. ¡Qué horror! Una dieta balanceada y una buena rutina de ejercicios son necesarias no sólo para mantener un cuerpo en forma, sino para llevar un estilo de vida saludable. Nadie puede vivir de lechuga y agua, y ninguna persona encuentra atractivo un cuerpo que parece listo... para una lección de anatomía.

Ya que hablamos de los detalles físicos, si sientes que te falta uno que otro centímetro recuerda que en el modelaje para fotografía y en los comerciales de televisión la estatura no es tan importante. Es más una cuestión de registro y personalidad. Ya te habrás dado cuenta de que una modelo con una bella sonrisa puede prácticamente hacer desaparecer del escenario a la competencia, en comparación con otra cuya única arma es poner cara sexy.

La mejor forma de empezar una carrera en este campo es a través de una escuela de modelaje; allí te enseñarán cómo maquillarte, caminar, posar, vestirte, etc. En fin, como dice mi mamá: "a tener mayor desenvoltura". Las mismas escuelas se encargan de promover a los alumnos más aventajados, bien sea al presentarlos a las agencias o al llevarlos a ferias a donde acudan agentes, productores y publicistas, como fue mi caso.

Agencias de modelos hay muchas y muy famosas, como Elite, Ford y IMG. Lo importante es encontrar una agencia y, en especial, un agente que te guíe, que te motive a tomar las mejores decisiones y, sobre todo, te cuide y ayude a navegar en las turbulentas y a veces no tan transparentes aguas de esta industria. Me imagino que ya sabes a qué me refiero. O, si no te acuerdas, ¿te suena el nombre de Kate Moss?

Cuando trabajas con una agencia o un agente independiente, hay que firmar un contrato. Si eres menor de edad, tus padres, como tus representantes legales, tienen que estar involucrados en este proceso. Siempre, es bueno que el contrato sea revisado por un abogado para que la relación sea justa y proteja tus intereses. Perdona si soy insistente con este aspecto, pero quién quita y te conviertas en la nueva Elsa

Benítez, Inés Rivero o Adriana Lima, y por culpa de un contrato malintencionado tengas que quedarte toda la vida amarrada a una misma agencia que de pronto no es la mejor para tu carrera.

Muchas personas critican el hecho de que el modelaje sea usado como plataforma. No estoy de acuerdo. Si nunca hubiera sido modelo, no habría llegado a la televisión, que era mi gran sueño. Eso no está mal; como en distintos aspectos en la vida, todo tiene un comienzo. Cameron Díaz y Sharon Stone empezaron como modelos y hoy son famosas actrices. Muchas modelos han aterrizado en la televisión como presentadoras; por ejemplo, Heidi Klum y Tyra Banks. Si quieres aprender a desenvolverte frente a las cámaras, proyectar tu personalidad y conquistar al público, el modelaje es una buena escuela.

Mención aparte merecen los concursos de belleza, y no vayas a pensar que lo digo porque nunca pude quedarme con una corona. Muchos de estos concursos se han convertido en eventos comerciales con más de feria de ganado que de celebración de la belleza. Además, te habrás dado cuenta de que nunca gana la más bonita ni la que más quiere el público... ¡Acabo de tener otro *déjà vu*!

Sin embargo, estoy consciente de que para personas que no viven en las grandes capitales estos concursos pueden representar su pasaporte hacia el éxito. Entonces, a quienes decidan participar les recomiendo que tengan los pies puestos sobre la tierra, no olviden que el puntaje del jurado no mide su encanto ni su coeficiente intelectual y que si quedan de segunda en más de una oportunidad, de pronto un día terminarán de presentadoras de uno de los programas más vistos de la televisión.

A continuación incluyo varias páginas de Internet de agencias de modelaje para que las visites, conozcas cómo funcionan y estudies los portafolios de las modelos.

www.elitemodel.com

www.fordmodels.com

www.imgmodels.com

Para reflexionar

Extraterrestre en una nueva ciudad

En estos días de globalización es muy normal que nos toque cambiar de ambiente, bien sea por decisión propia o porque la familia así quiere, tal como me ocurrió a mí. Estos cambios son convenientes: descubrir otra cultura, aprender otro idioma y ampliar tu círculo de amistades enriquecerá tu vida y aumentará tus oportunidades.

Yo sé lo que se siente estar solo en un lugar desconocido —y, además, sin ninguna diversión— y, para colmo, donde se habla un idioma que uno desconoce o no maneja a la perfección. El comienzo, no voy a negarlo, es difícil. Uno se siente de otra especie o como si hubiera aterrizado en otro planeta. Pero hay dos cosas que son fundamentales: el apoyo de la familia y de los buenos amigos, además de aprender a utilizar el hecho de ser diferente como herramienta para darse a conocer. ¿Recuerdas cuando te conté el éxito que tuve en mi nuevo colegio en Estados Unidos? Sucedió porque era diferente, no era la misma rubia de ojos azules que los chicos veían cada día. Además, poco a poco te darás cuenta de que no eres la única persona en esta situación. De la buena relación que lleves con otros nuevos podrás aprender mucho más.

Lo primero que te recomiendo es que conozcas tu entorno, tu barrio, las cosas que te rodean: el súper, la lavandería y, por supuesto, el centro comercial. Ése es tu marco de acción y, por tanto, tienes que conocerlo bien. Luego, tienes que esforzarte por aprender el nuevo idioma ¡y que no te dé vergüenza hablar! Piensa que, en la mayoría de los casos, mientras tú estás aprendiendo un segundo idioma, los demás sólo hablan uno. De la práctica depende el perfeccionamiento. Pide a tus amigos que te corrijan, y a tus profesores que sean estrictos al doble. Escucha música, ve televisión, acude al cine, todo en el nuevo idioma. El suyo no se te olvidará, en especial porque en nuestras familias latinas el español siempre será el lenguaje del hogar.

No pierdas tu cultura. En este tipo de procesos muchas personas buscan renunciar a su esencia para facilitar su integración. ¡Qué equivocadas están! Algunos llegan a cambiarse el nombre o la pronunciación del apellido, ¿No les parece chistoso como suena Hernández con "j"? Y más equivocados cuando la que se pierde es nuestra cultura latina, una de las más bellas y ricas en toda la historia. La cultura es nuestro mayor legado y somos los encargados de transmitirla a hijos y nietos, aunque vivamos en otro país o hablemos otro idioma.

Volvamos al tema de la integración con un nuevo grupo de amigos y una nueva cultura. Aprovecha los recursos que ofrece Internet para conocer gente en tu nueva ciudad; claro, con las precauciones del caso. Los *chats* ofrecen una buena oportunidad para conocer gente con tus mismos intereses y que quiera compartir tus experiencias. Quién quita y en algunos de estos foros cibernéticos se encuentre tu príncipe azul o tu princesa encantada.

Para reflexionar

El valor de un diploma

Un diploma es un papel, pero también es la mejor prueba del conocimiento que has adquirido en el área de tu predilección. Sí, es cierto que en un *college* o en una universidad no se aprende todo lo que se necesita para vivir, como también es cierto que muchas personas han triunfado sin tener educación formal.

Sin embargo, la educación es fundamental. Siento mucha tristeza cuando veo las estadísticas de los hispanos que se retiran antes de terminar sus estudios. En un país nuevo y en un mercado laboral competitivo, la educación no es un requisito sino una obligación. Y si vivimos en el llamado "país de las grandes oportunidades" o el "territorio del sueño americano", por qué no ayudamos un poco a que esos sueños se hagan realidad a través de obtener una buena formación.

La selección de la carrera, de nuestra profesión, es casi como escoger con quién vamos a casarnos. Es una decisión que nos acompañará toda la vida y en ella no hay divorcios ni separaciones, aunque de pronto sí abandono. Por experiencia conozco la satisfacción que se siente cuando escogemos una carrera para la cual sentimos que nacimos. No me imagino en un oficio diferente a los medios. Por eso es importante que te conozcas muy bien, que estudies tus intereses, talentos y expectativas para colocarlos todos, en búsqueda de una nueva carrera.

Para algunas personas el aspecto económico es un gran obstáculo para obtener una buena educación, pero hay organizaciones que se encargan de buscar oportunidades de educación para miembros de distintas minorías. Por ejemplo, visita la página web univision.com y busca Scholarships for Hispanics. Encontrarás becas en distintas áreas, las cuales cubren diferentes tipos de necesidades.Algunas incluyen vivienda y alimentación. Las personas conhabilidades para los deportes también cuentan con becas especialmente diseñadas para ellas.

Si solicitaste distintas becas y no resultas favorecido, vale la pena hacer el esfuerzo de trabajar y estudiar, aunque tengas que cubrir varios turnos o no puedas salir con tus amigos el fin de semana. Conseguir recursos para estudiar no es un sacrificio, es la mejor inversión que cualquiera puede hacer. Siempre quedará la opción de solicitar un crédito; claro, si cumples con los requisitos, pero fíjate muy bien en las tasas de interés, los plazos y las condiciones, para que no seas uno más de aquellos que por tratar de labrarse un futuro terminan por hipotecárselo a un banco.

Para reflexionar

Secretitos de belleza

Ya te conté que era la maquillista oficial de mi grupo cuando estaba en la prepa y en la universidad. Bueno, esto viene de invertir horas y horas en ver cómo las mujeres tienen la capacidad de transformarse con las herramientas y los procedimientos adecuados. Aunque ya no uso el *look* de leona, mi cabello todavía es uno de mis principales atractivos.

Mucha gente me pregunta cómo cuido mi cabello y se sorprende con lo que le digo, porque lo mantengo con cositas que todos tenemos en la casa. Mi regla número uno es tratar de lavarlo lo menos posible. Lo dejo sucio hasta que aguante; eso es, hasta que no se vea grasoso o huela mal. Seguro dirás: ¡Guácala, qué sucia! Pues déjame decirte que lo mejor que puedes hacer por tu cabello es no lavarlo, porque así le das oportunidad de recuperar sus aceites naturales, responsables de ese brillo esplendoroso.

Además, tengo otro truco: por lo general me lavo el cabello los lunes y lo estilizo; a medida que pasa la semana sólo lo retoco, ya sea con tenaza o plancha según el estilo, el cual tienen la oportunidad de cambiar una vez que está seco. Un día puedes llevarlo rizado y otro lacio. Cuando empieza a verse un poco sucio, opto por recogerlo en una colita. De esta manera ayudo a mi cabello al no utilizar tantos productos o aparatos que puedan dañarlo. Lo mejor es que en una semana puedes darte el lujo de verte diferente cada día. El fin de semana puedes lavarlo y darle un descansito de todo lo que le hiciste.

En cuanto al maquillaje, para mí lo esencial es usar rubor. ¡No hay peor cosa que una cara pálida! Inténtenlo y verás. Si no tienes tiempo o no te gusta maquillarte, utiliza un poco de rubor y verás el cambio de tu rostro. En mi caso, tengo las pestañas rizadas y abundantes, así que no tengo que preocuparme por utilizar máscara o rímel cuando no trabajo. Pero, si quieres, además del rubor puedes ponerte un poco de rímel para que tus ojos siempre se vean coquetos.

Si lo que buscas es impactar con lo último en maquillaje, te recomiendo que mires detenidamente revistas y practiques lo que más te gustó. Devoro las revistas y me encanta ensayar cuanto veo. Siempre he dicho que quienes maquillan a Jennifer López son unos artistas. Me encanta el trabajo que realizan porque ella siempre luce como muñequita de porcelana. Aunque al principio es difícil, con la práctica te convertirás en una experta. Nadie conoce tu cara y tus facciones como tú; entonces, ¿quién mejor para resaltarlas? Inténtalo, practica y tal vez puedas convertirte en la próxima maquillista de las estrellas. Después de todo, así empezaron ellos y ahora ganan miles de dólares.

Si quieres ver tendencias de moda y maquillaje para mujeres latinas te recomiendo visitar las siguientes páginas en Internet:

www.univision.com
www.peopleenespanol.com
www.latina.com
www.vanidades.com
www.cosmoenespanol.com
www.voguelatam.com
www.quien.com

Para reflexionar

La TV no es pura pantalla

Muchas personas sueñan con aparecer en la televisión. Te lo digo porque siempre se me acercan para pedirme consejos sobre cómo convertirse en una estrella de la pantalla chica. Me imagino que cada cuál tiene una motivación diferente. A través de este relato, conociste cuál fue la mía y espero que cada uno tenga la suya. Esta motivación en ningún momento debe fundamentarse en el simple deseo de ser famoso, porque la fama debe ser consecuencia de un buen trabajo, la medalla que nos dan en la meta y no la energía que nos impulsa en una carrera. Ésta es una competencia de obstáculos, la cual requiere de un entrenamiento de deportista de alto nivel, como espero que te hayas dado cuenta al leer mis controladas aventuras.

Lo primero que te aconsejo es que te familiarices con el medio. No podemos saber si nos va a gustar o no por el simple hecho de imaginarnos en la pantalla o, peor, metidos físicamente dentro del televisor, como creía cuando era pequeña. Las cadenas y los canales establecen programas, los famosos *internships,* que brindan esa experiencia. Si estudias alguna carrera afín a los medios de comunicación, ésta es una gran oportunidad. Muchas cadenas también ofrecen empleos temporales, o *part times*, que pueden cumplir con este objetivo: la familiarización. Para ello, visita las páginas de Internet de las empresas y allí encontrarás la información que necesitas. También es importante que investigues en los centros educativos, porque en muchas universidades ofrecen este tipo de información debido a convenios que han establecido entre medios y academia.

Aprovecho la oportunidad para contarte, por si no lo sabes, que la televisión no sólo es realizada por las personas que estamos frente a las cámaras. Hay mucha gente detrás de cámaras: productores, técnicos y ejecutivos que hacen posible que un programa como *El Gordo y la Flaca, Control* o *Despierta América* llegue a sus casas. Por eso, si te gustan los medios sería interesante que analizaras esas múltiples opciones. Es posible que alguna de ellas sea acorde con tu perfil, personalidad y proyección. He conocido grandes productores que empezaron soñando con ser presentadores, y hoy están felices y realizados detrás de cámaras, así como asistentes de ejecutivos que nunca habían estado frente a un micrófono y, de repente, se desenvuelven con una mezcla de naturalidad y encanto que seduce a la audiencia.

Recuerda que hay riesgos que merecen ser tomados. Si te dan la oportunidad de entrar a un canal, ¡tómala!

El salario y el nombre de su posición no deben ser los factores más importantes al momento de la decisión. Piensa en dos cosas: primero, en la experiencia que vas a adquirir; segundo, en tu proyección dentro de la empresa. Como te decía, ésta es una carrera de obstáculos y para empezarla, lo primero que necesitas es llegar al punto de partida.

Si ya estás dentro de un canal y piensas en tu futuro, es importante que te manejes muy bien en tu ambiente de trabajo. Responsabilidad, respeto, motivación y colaboración en equipo son cuatro temas que debes considerar prioritarios. Como en toda industria del entretenimiento, en la televisión hay muchos egos y, la competitividad es alta. Por eso te aconsejo enfocarte en tus logros y no darle importancia a situaciones o a personas que te hagan perder el enfoque. Para lograrlo, es bueno contar con un mentor, confidente, apoyo, llámalo como quieras; alguien en quien puedas confiar, te ayude con sus críticas constructivas y que, en momentos de confusión o desesperación, mire las cosas desde un cristal diferente. De nada sirve estar rodeados por personas que no son capaces de criticarnos y a todo dicen que sí; por mucho que nos quieran, nos perjudican. Esto no sólo ocurre en el mundo de la televisión; puedes aplicarlo a cualquier campo de tu vida.

Quiero hacer énfasis en la importancia de seguir estudiando; en esta profesión la educación es continua. El mundo cambia, la audiencia también y, para ello, es preciso estar preparados. Además, no es algo que sólo debamos hacerlo por el trabajo sino por nosotros mismos. Afuera hay un océano inmenso de conocimientos por explorar, dignos de una aventura extrema, que fortalecerá no tus brazos y tus piernas sino tu cerebro.

Entonces a explorar, a profundizar temas que conoces, a investigar nuevos temas, a descubrir otras disciplinas. Eso se reflejará en tu vida personal y profesional. Las distancias y los costos ya no son excusa. Con Internet tienes un mundo de conocimientos a tu alcance y ¡con sólo hacer un click ! No importa lo exótico o profundo del tema de tu interés. Para ello, te recomiendo visitar sitios como wikipedia.com, el cual contiene mucha información en español o, si te sientes confiado, empieza una exploración por tu cuenta a través de un buscador como Google.

Para reflexionar

Para una boda inolvidable

Todas las mujeres soñamos con nuestra boda. El secreto para que sea inolvidable es planearla con anticipación. Como te conté quería que ningún detalle quedará al azar y, para eso, es necesario organizar todo y contemplar cualquier circunstancia posible. Te recomiendo comprar un cuaderno o pequeña agenda para anotarlos detalles y así siempre podrás controlar los que ya están listos.

Empecemos por el lugar. Tienes que pensar en un sitio maravilloso, con clima agradable pero que también sea práctico, no sólo en cuestión de desplazamiento. Nada hacemos con soñar casarnos en Fidji si nadie puede acompañarnos. El sitio también tiene que ser práctico en términos de distribución de espacios y debe prestarse para crear distintos ambientes. Si la boda va a realizarse en otro país, no estaría de más que los novios tengan una página de Internet con toda la información que los invitados necesitan, y que incluya itinerarios de vuelos, hoteles y recomendaciones para visitar.

La música, a pesar de lo que diga la tradición, tiene que ser la favorita de los novios. Si van a celebrar su boda, ¡hay que bailar! Y qué mejor que hacerlo con la música que más les gusta. Nada ganan con tener una *big band* en el escenario si el día de la boda se mueren por bailar música tropical. En mi caso, tuve una gran variedad musical y muy acorde con el entorno: mariachi, banda sinaloense y conjunto norteño. Así que nadie se quedó sin bailar. Si no puedes contratar un grupo que toque cualquier tipo de música, acuérdate de que no todos tenemos los mismos gustos para bailar, en especial si en tu boda hay mezcla de nacionalidades. Últimamente he visto que en las bodas transmiten videos que recogen los momentos más bellos de la pareja antes de casarse; me parece un detalle lindo, además de convertirse después en un testimonio visual de gran valor para los hijos.

En cuanto a la decoración y el menú, busca la originalidad. Como comenté, me incliné hacia lo mexicano porque estoy orgullosa de mi cultura y mi tradición, y quise que mi boda fuera una reconfirmación de mis profundos lazos con México. Pero cada mujer puede buscar una opción diferente; claro, de acuerdo con los gustos y presupuestos de cada una. Además, hoy existen más libertades. Pueden celebrarse bodas a la orilla de la playa, en una hacienda antigua o, por qué no, en una plaza de pueblo o en un jardín público que sea muy lindo; si tiene un significado especial para la pareja, mucho mejor. En estos últimos casos vas a necesitar un permiso, ¡a no ser que seas la hija del alcalde!

El vestido es muy importante. Sea cuál sea la tendencia de la moda en ese momento, la comodidad es fundamental. Nada ganamos con vernos radiantes si ni siquiera podemos sentarnos a comer, bailar a nuestras anchas o mucho menos respirar. En mi caso, fue muy fácil la elección del vestido. ¿Te acuerdas que tenía vestido seleccionado antes que prometido? Por eso te aconsejo que empieces a hojear revistas de moda y lugares de Internet. Te recomiendo sitios como pronovias.com, el cual tiene una selección de los trajes de novia de los diseñadores más famosos del mundo. También puedes visitar la sección de moda de univision.com, donde siempre presentan las últimas tendencias en vestidos de novia de diseñadores latinos reconocidos como Óscar de la Renta, Carolina Herrera, Silvia Tcherassi o Gustavo Cadile.

Sobre el traje del novio, no te preocupes tanto. Para los hombres siempre es mucho más fácil vestirse y la etiqueta ya ha definido con precisión qué debe ponerse de acuerdo con el lugar y la hora del evento. Las opciones son tres: traje, smoking (o *tuxedo)* o frac, para las ceremonias más formales. Si la boda es a la orilla de la playa y mucho más casual, un traje de algodón en tono claro es excelente opción. Y claro, piensa cómo se verá la pareja junta, porque la imagen de los novios los acompañará por siempre.

A pesar de que todo lo anterior suena superficial y un poco materialista, lo importante de la boda es el acto en sí: una declaración pública de amor eterno y la promesa de crear una familia.

Para reflexionar

Especial para las nuevas mamás

La maternidad me cambió por completo y para bien. Me siento en el mejor momento de mi vida, tanto a nivel físico como mental. Lo siento y la gente lo percibe, como conté antes. La maternidad es una experiencia que hay que vivir al máximo, cada segundo, cada minuto, cada hora. Esa experiencia es, al mismo tiempo, una gran responsabilidad. Sabemos que queremos formar niños de bien, capaces de enfrentarse al mundo de manera optimista, que tengan la habilidad de desarrollar sus talentos, y en el caso de nosotros, los hispanos, tenemos el compromiso de que esos bebés se sientan orgullosos de la bella cultura a la que pertenecen.

Sé que criar un hijo no es fácil. Un bebé es el muñeco o, en mi caso, la muñeca más bella del mundo, pero viene sin manual de instrucciones. Nos toca aprender en el camino. Leí muchos libros, visité cantidades de sitios en Internet, he contado con el apoyo de mi mamá, de mi abuela y hasta de mi comadre, pero sé que a muchas mujeres les toca criar solas a sus hijos, e incluso sin el respaldo de un marido. Me solidarizo con ellas porque no sé qué sería de la crianza de Antonella sin el apoyo de Emerson. A ellas les digo que busquen asociaciones o grupos de apoyo. Esas entidades podrán convertirse en el soporte que tanto necesitan. Como mujeres debemos ser valientes y salir adelante porque nuestros hijos se merecen lo mejor.

Quiero compartir contigo algunos consejos que he aprendido y que es seguro que serán de mucha ayuda, sobre todo para las mamás primerizas como yo.

No hay necesidad de comprar tanta ropita; es increíble lo rápido que la dejan y, en ocasiones, ni llegan a usarla. Lo más necesario son los cocolitos o mamelucos, porque a los bebés, como a nosotros, les gusta estar cómodos con ropa de algodón cuando están en su casa. No es necesario tener a los bebés como para foto de revista; cuando van a estar en casita, aprovecha y permítele sentirse cómodo. Además, si arruina la ropa, a ti no va a dolerte tanto como si fuera vestido de fiesta.

Pasemos a temas más serios. Cuando sientas que pierdes la calma o no sabes qué hacer porque el bebé no deja de llorar, no le grites; acuérdate que la única forma que él tiene de comunicar lo que le ocurre es a través del llanto. Si no deja de llorar después de revisarle el pañal, ve si no tiene hambre, quítale la ropita por si algo le pica o revisa que no sienta frío o calor. Entonces ponlo en su cunita, sal de su habitación y tómate unos minutos para calmarte. Cuando te relajes, vuelve con él o ella, revísalo, abrázalo y dile cuánto lo amas. A veces lo único que nuestros hijos quieren es sentir el calorcito de mamá. Incluso puedes cantarle una canción de cuna de ésas que cantaban las abuelitas o tu mamá. No sólo tu corazón se inundará de amor con esos bellos recuerdos: tu bebé podrá contagiarse con el maravilloso espíritu del amor. ¡Y para eso estamos!

Uno de lo dolores más comunes en un bebé es el provocado por los cólicos. En esos momentos no sólo lloran nuestros hijos, también nosotros porque en la mayoría de los casos no sabemos qué hacer. Uno de los mejores consejos que mi mamá me ha dado es frotarles la pancita con aceite de oliva. ¡No te imaginas lo bien que funciona!

Internet se ha convertido en una gran herramienta de soporte para las nuevas mamás. Como te contaba, durante el embarazo invertí mucho tiempo en visitar páginas, aprender tips e investigar cosas que llamaban mi atención. Univision.com tiene una sección muy completa que se llama Tu bebé. También encontrarás información interesante en todo bebe.com. Por último, recuerda que nuestros hijos son como esponjitas que absorben todo, y son nuestro reflejo. Trata como quieras que ellos traten a las demás personas. Es nuestra responsabilidad que sus corazones siempre estén llenos de amor y alegría.

Para reflexionar

Listado de sueños

Para finalizar, quiero invitarte a que con un lápiz escribas aquí cuáles son tus sueños, tanto en tu vida personal como en la profesional. Anota uno por uno y descríbe con todos los detalles posibles. Cada vez que tengas oportunidad, repásalos con detenimiento, suelta tu imaginación a volar y vive el momento como si fuera realidad. A medida que realices esos sueños, bórralos. Esto no es magia ni ningún secreto revelado. Es un ejercicio que nos ayuda a enfocarnos en nuestras metas, a soñar con los ojos puestos en el cielo pero con los pies bien firmes sobre la tierra.

También te invito a escoger una herramienta simbólica para lograr el éxito. Sabes que la mía es la sonrisa. ¿Cuál es la tuya? Escríbela aquí.

Un gran abrazo y te deseo lo mejor

Karla

❧ *Listado de sueños* ❧

1 _____

_____

2 _____

_____

3 _____

_____

4 _____

_____

5 _____

_____

6 _____

_____

7 _____

_____

8 _____

_____

9 _____

_____

10 _____

_____

11 _____

_____

12 _____

_____

13 _____

_____

14 _____

_____

15 _____

_____

16 _____

_____

17 _____

_____

18 _____

_____

19 _____

_____

20 _____

_____

21 _____

_____

22 _____

_____

23 _____

_____

24 _____

_____

25 _____

_____

26 _____

_____

27 _____

_____

28 _____

_____

29 _____

_____

30 _____

_____

31 _____

_____

32 _____

_____

33 _____

_____

34 _____

_____

35 _____

_____

36 _____

_____

37 _____

_____

38 _____

_____

39 _____

_____

40 _____

_____

41 _____

_____

42 _____

_____

43 _____

_____

44 _____

_____

45 _____

_____

46 _____

_____

47 _____

_____

48 _____

_____

49 _____

_____

50 _____

_____

51 _____

_____

52 _____

_____

53 _____

_____

54 _____

_____

55 _____

_____

56 _____

_____

57 _____

_____

58 _____

_____

59 _____

_____

60 _____

_____

61 _____

_____

62 _____

_____

63 _____

_____

64 _____

_____

65 _____

_____

66 _____

_____

67 _____

_____

68 _____

_____

69 _____

_____

70 _____

_____

71 _____

_____

72 _____

_____

Agradecimientos

Gracias, Señor, por permitirme cumplir este sueño, tú más que nadie sabes todo lo que me ha costado. Gracias por los talentos y por la salud que me has dado para poder usarlos. Gracias, Señor, porque nunca has permitido que me suelte de tu mano.

A ti, Emerson, mi compañero de vida, cómplice de mis sueños. Gracias por creer en mí. Por tu confianza. Por respetar mi profesión. Por amarme y aceptarme tal como soy. Por enseñarme a vivir. Por ayudarme a ver siempre el lado bello de las cosas. Te amo. Gracias por sembrar en mí la semilla del amor: mi hija Antonella.

Gracias, amor chiquito, por pintar mis días de colores. Gracias por regalarme una sonrisa cada mañana. Por darme el privilegio de dar vida. Por ese amor que derramas con una caricia. Por tus travesuras que alegran nuestro hogar.

Gracias, mami, por estar siempre a mi lado. Porque, a pesar de mis ofensas, nunca me has abandonado. Por descubrir mis talentos y enfocarme. Por tus sacrificios. Gracias por enseñarme a ser madre.

A ti, Luis Carlos, mi hermano del alma, por ser el hombre que eres. Por cuidarme y verme como un modelo a seguir. Por los cuidados que tienes con mi hija. Gracias por tu amor, Andree, mi hermanita. Nunca dejarás de ser mi hermanita. Gracias por tu admiración, que me obliga a ser cada día mejor. Nunca olvides que te quiero.

Abuelita Andrea, gracias por ser un gran ejemplo de fortaleza y amor.

A ti, padre, porque, a pesar de todo, te amo.

A mi amigo Mario Góngora, por darme mi primera oportunidad. A María López, por creer en mí. A Alina Falcón, por tu confianza. A mi gran amiga Vanesa Meyer y a todos mis compañeros y amigos de *Control*. Gracias por compartir conmigo tantos años de aventuras. A David Barski, por permitirme echar a volar mi imaginación. A Mari García, por la oportunidad. A Víctor Santiago, por tus consejos. A toda mi familia de la casita de *Despierta América*. A mi amigo y diseñador Lázaro porque con tus vestidos me haces sentir como una princesa.

A mi mánager y amigo Luis Balaguer. Gracias por tu cariño, por creer en mí y ayudarme a desarrollar mis talentos, por llevar mi carrera de una forma limpia y digna. Y a ti, Francisco, por ser parte fundamental de la aventura de escribir mi primer libro. Por tu paciencia y por estimularme a seguir adelante.

A mis amigos por nunca dejar que me suba a la nube de la fama.

A Carmen, gracias por amar a mi hija como a una nieta, por todo el tiempo y cariño que dedicas a mi casa y a mi familia. Te queremos. A Don Rafa, por compartir el tiempo y el cariño de su mujer.

Gracias a Random House Mondadori por darme la oportunidad de contarle a la gente un poquito de mí.

Gracias a quines me han hecho crecer en todos sentidos. Gracias porque el día que me vaya me iré con sus rostros grabados en mi memoria. Los quiero.

El poder de una sonrisa, de Karla Martínez
se terminó de imprimir en marzo de 2008
en los talleres de Litográfica Ingramex, S.A. de C.V.
Centeno 162-1, Col. Granjas Esmeralda,
C.P. 09810 México, D.F.